彩圖

中華世紀壇世界藝術館　著

中外歷史文化年表

商務印書館

本書繁體中文版由文物出版社授權出版

彩圖中外歷史文化年表

著　作　者：中華世紀壇世界藝術館

主　　　編：王其鈞

文字編務：王謝燕　吳亞君　李文梅　張瑞清　卜艷明　張　爽　劉永才　劉萌璇　王曉芹

圖片編務：劉景波　唐瓊慧　胡永召　任正陽　王麗霞　薛　樂　郝升飛　張鶴青　金　園

　　　　　馬曉慧　常　飛　崔閱章　李　仁　張栓彬　李平磊　劉　薇（劉桂華）張名萃

　　　　　王雪輝　王樂樂　呂懷峰　李秀雲　陳　奎

責任編輯：楊克惠

封面設計：張　毅

出　　　版：商務印書館（香港）有限公司

　　　　　香港筲箕灣耀興道 3 號東滙廣場 8 樓

　　　　　http://www.commercialpress.com.hk

發行公司：香港聯合書刊物流有限公司

　　　　　香港新界大埔汀麗路 36 號中華商務印刷大廈 3 字樓

印　　　刷：中華商務彩色印刷有限公司

　　　　　香港新界大埔汀麗路 36 號中華商務印刷大廈 14 字樓

版　　　次：2010 年 4 月第 1 版第 1 次印刷

　　　　　©2010 商務印書館（香港）有限公司

　　　　　ISBN : 978 962 07 5577 4

　　　　　Printed in Hong Kong

出版説明

　　人類文明的發展和演變有着悠久的歷史，源頭可以追溯到一萬年前左右。其間一些文明消逝了，一些還在延續中。人類文明如何發展到今天？今後又往何處去？

　　本書以時間為軸，通過巧妙的時空融合與結構設計，豐富的圖片與形象的講述方式，生動再現了從原始社會到西元1840年，人類文明發展的歷程與輝煌燦爛的藝術成就，並將中外文化藝術成就進行了清晰的對比。中西對照的形式架構，既讓讀者了解中外文明各自的演變，更凸顯文明之間相互影響、相互交融的發展歷程，進而揭示出人類歷史合而不同的發展大勢。

　　在編排上，本書將中外各歷史發展時期的大事排列組合在一起，並配合精彩的圖畫，有建築，有古代器物等，類別豐富多樣，並且每一幅圖都配有說明文字。為了便於讀者理解和記憶，書中的紀年、歷史事件、器物的選編上都有整體的考慮。尤其是遇到歷史學家、文物學家、考古學家至今尚存爭議的年代、歷史事件等，本書都經過嚴謹地核對。由於版面篇幅的限制，本書無法以包羅萬象的百科全書式的方式將所有的重大事件和重要作品編入其中，只能有所取捨。本書的歷史年表不僅再現中外歷史的發展軌跡，而且提供理解各大文明成就的時代背景。所以，它既是展示人類文明的綜合圖冊，又是具有參考價值的工具書，在中國出版歷史上，編寫者確有首創之功。

商務印書館編輯部

使用説明

時間軸線

本書以時間軸線為核心。軸線採用公元紀年法，從始至終貫穿全書，歷史年表、大事記、圖片以及圖片說明都圍繞軸線依次展開。它依據歷史的發展，採用一種前寬後緊的佈局，越往後發展，時間區間越緊縮，體現出人類文明日益遞增的發展速度與日益豐富的文明成果。這一軸線還將全書自然分割為上下兩個部分，上方是中華文明，下方則是世界文明，從而體現出空間的概念。

中外對照

本書不是單獨或孤立地向讀者講述某一文明的發展，而是以中華文明與世界文明的對照為形式架構，通過對同時、卻不同地的文明的集中展示，既讓讀者了解中外文明各自的演變，更凸顯出文明之間相互影響、相互交融的發展歷程。

歷史年表

在時間軸線兩側，分別是中國和世界歷史年表。其中，中國歷史年表以不同的色條來標示朝代的更替，而世界歷史年表則將中國以外的帝國、王朝、國家等，按照興起的時間排列在對應的時間點下方，並通過不同小色塊標示出所屬大洲。這種佈局方式，有助於加深對各大洲歷史演變軌跡的了解。

大事年表

在中外歷史年表的外側，是中外歷史大事年表，重點羅列出中外歷史進程中深具意義的大事，從人類文明的初始，一直記敘到中華民國成立前的近代世界。其中，世界大事以不同小色塊界定所屬大洲。對意欲了解人類歷史發展的讀者來說，本書的大事年表具有獨立的使用價值。通過時間查詢，讀者可以輕鬆了解中外各歷史時期或時間點上的歷史真貌。同時，這些歷史大事也與本書的圖片、圖說形成良好的呼應。

手繪圖

與過去圖冊裏大量使用照片不同，本書主要採用了手繪圖這一新穎的形式。這種形式不僅使對象的再現變得更加靈活，同時，也更有助於表現對象的細節，尤其在描繪建築物時，能克服照片的缺陷，清晰地刻畫建築的形制和細部，特別是相機無法拍攝的內部結構。

圖片說明

本書圖片配有豐富的文字說明，是大事記以外另一個重要的知識內容。它們不僅豐富圖片的內涵，引導讀者對圖片產生更深刻的理解，同時，也可構成對人類建築史、繪畫史、雕塑史等的講解。與世界歷史年表和大事年表相呼應，世界部分的圖片說明也以不同色塊標明所屬地區，既分別描繪各大洲人類文明的各自成果，又在這種混合排列中，勾勒出人類文明共同發展的形象畫面。

附錄

將中外歷史大事集中排列附於書後，系統再現中外歷史的發展軌跡，亦便於讀者閱讀和檢索。

□ 原始社會生產力極其低下，但人們在吃生食物的基礎上，開始嘗試著使用火。食用獵物之後所剩的皮毛加工做歐皮衣物。同時，為了得到更多獵物和生活所需品，原始人開始打造石器。

■ 雲南元謀人牙齒化石（約 170 萬年前）
這兩顆元謀人的牙齒化石，屬於上門齒。這是中國大地上很早就有人類生存的佐證。

● 約 170 萬年前 雲南元謀人。	● 約 13 萬年前 山西襄汾丁村舊石器時代中期遺址。
● 約 80 萬年前 藍田人。	● 約 10 餘萬年前 陝西大荔人。
● 約 70 萬年─20 萬年前 北京人。	● 約 10 萬年前 北京周口店的新洞人。
● 約 19 萬年前 湖北長陽人。	● 約 2 萬年前 河南安陽小南海文化。
	● 約 18000 年前 北京山頂洞人。

● 前 40000 年左右 克羅馬儂人從非洲移居歐洲。	● 前 30000 年左右 澳大利亞北部的土著居民開始塗飾岩石。	● 前 15000 年左右
● 前 37000 年左右 南非的波達洞窟中出現了使用鏤雕骨製成的計數工具。	● 前 26000 年左右 納米比亞阿波羅遺跡的洞窟上，出現了迄今為止最古老的壁畫。	● 前 13000 年左右
● 前 35000 年左右 在扎伊爾出現了帶有石英的小工具。	● 前 18000 年左右 俄羅斯西部建成以長毛象的骨頭為柱子的房間。	● 前 10000 年前 生物馴馴為家畜。
● 前 30000 年左右 非洲南部的狩獵採集者採摘果實。	● 前 17000 年左右 印度尼西亞的狩獵者使用弓。	● 前 9000 年 日本到前 5000 年結束。

□ 位於西班牙桑德省阿爾塔米拉：是 3 萬年前的史前人類些岩畫中的動物大多採用誇張和抽象的手法表現，是史前文明的重要窗口。

阿爾塔米拉洞窟

摩岩石刻

□ 位於大洋洲卡卡杜國家園內。是距今約 2.5 萬年至 1.8 萬年前。由當地土著人繪製而成的。壁畫以動物鮮血和礦物質繪製而成，因為所處岩洞的溫度與濕度適宜，所以一直保存至今。

■ 傑里科頭像（前 10000 年）
出土於中東的巴勒斯坦境內，是一個傑里民的頭顱作為模具拓出來的⋯⋯

□ ■ ● 中國　　□ ■ ● 歐洲　　□ ■ ● 非洲　　□ ■ ● 亞洲　　□ ■ ● 美洲　　□ ■ ● 大洋洲

原始半穴居

□ 在原始社會，有一種與巢居形式並存的原始住宅，依天然洞穴形式建造，稱為"穴居"。本圖是穴居發展形態——半穴居。

■ 湖南玉蟾岩陶釜（前 8500 年）

出土於湖南玉蟾岩遺址，製作粗糙，復原後呈釜形器，這是目前中國發現的最早的具有完整形態的陶器。

■ 河南賈湖遺址骨笛（前 7000 年）

這是世界上迄今為止發現最早、保存最完整的管樂器，有二孔、五孔、六孔、七孔和八孔笛，長度大約都在 17.3－24.6 厘米、直徑在 0.9－1.72 厘米，製作規範，形制固定。

■ 內蒙古興隆窪玉玦（前 6200 年）

興隆窪文化玉器以裝飾功能為主，部分玉器具有禮器或神器的功能。玉玦是中國迄今所知年代最早的玉器之一。

■ 河南賈湖遺址刻符龜甲（前 7000 年）

河南賈湖遺址發現的刻在隨葬龜甲、骨器和石器上的符號，是迄今為止最早的文字雛形。

約前 8500 年 湖南玉蟾岩遺址。其出土的原始陶
是目前中國最早的新石器時代遺址的陶器。
有最早的稻穀出土。

約前 8000 年 廣東南海西樵山石器製造場遺址。

● 約前 7000－5000 年 河南裴李崗文化。
● 前 7000 年 江西萬年仙人洞，華南新石器時代早期遺址。

● 約前 6000 年 廣西武鳴洞穴遺址。
● 前 6000 年 湖南彭頭山文化八十壋遺址，發現干欄式建築。

● 前 6200－前 5400 年 內蒙古興隆窪文化，出土中國迄今所知年代最早的玉器。

● 約前 6000 年 青藏高原中石器時代的文化遺存。
● 約前 5850 年 甘肅大地灣文化。

● 約前 5400 年 河北武安磁山文化最早培植粟和飼養家畜、家禽。
● 約前 5400 年 山東滕州北辛遺址，大汶口文化的直接源頭。
● 約前 5300 年 遼寧瀋陽新樂文化出現煤精工藝。

| 前 8000 | 前 7500 | 前 7000 | 前 6500 | 前 6000 | 前 5500 |

● 8900 年 美洲的印第安人活動頻繁。並形成一些村落。
● 8700 年左右 羊在伊拉克被人類馴化。
● 8600 年 從亞洲遷徙而來的早期北美人以狩獵為生。

● 前 8000 年 以法國、西班牙為主的阿齊聯文化中出現側刻角，寫明相加工過的石質工具。
● 約8000年 西亞出現了用曬乾的磚造的建築物。
● 前 7800 年 伊拉克、土耳其和巴勒斯坦等地都出現原始農業並開始飼養動物。
● 前 7700 年 敘利亞地區出現矩形砌牆的棋盤式房屋。

● 前 7000 年 在土耳其出現銅器，這是人類迄今發現的最早的銅器。
● 前 7500 年 麥的基址出現在美國的黃色中。
● 前 7200 年 巴勒斯坦地區的傑利哥（Jericho）文明出現最早的宗教性建築。
● 約7200 年左右 豬在土耳其被人類馴化。

● 前 6900 年 小亞細亞半島上出現有統一規格和佈局的防禦性聚居村落。
● 前 6800 年 愛琴海地區出現填海上交流活動。
● 約 6400 年 希臘北部的艾因扎扎勒地區出現彩繪點土人像。

● 前 6500 年 非洲中部地區出現有人工雕刻痕跡的骨頭，這也是最原始的記錄信息方法。
● 約6500年 歐洲東南部開始有了最初的動物馴化。
● 前 6400 年 馬其頓地區出現克諾索斯城（Knossos），並有以農業和飼養動物為主的居民。
● 前 6100 年 撒哈拉地區被森林、河流覆蓋，當地居民以農業和飼養動物為主。

● 前 6000 年左右 裸麥科和土耳其的查得爾·非的開始耕起了城市。
● 前 5900 年 歐洲原始農業從北部向西部發展。
● 前 5700 年 底格里斯河中游擺藤馬地區出現長方形和圓形平面泥屋組成的農業村落。
● 前 5600 年 土耳其境內出現大規模居民的城鎮。

● 前 5300 年 埃及人開始穿著各種手工亞麻織品。

一前 3000 年）

部地區，有四十幾處岩畫在露天的石灰質山岩多彩色，是歐洲中石器表。

■ 費贊岩刻中保護幼象的大象（前 9000 年）

發現於撒哈拉的阿特拉斯山脈，是原始人類在觀察生活的產物。

■ 石杵和石臼（前 7000－前 4000 年）

發現於伊拉克。石杵和石臼用於處理大麥和小麥，使它們更容易被吸收。

噴灑

□ 位於阿爾及利亞境內，最早繪製於約6000年。壁畫按照繪畫製作可分為四個時期，記錄了撒哈拉逐漸沙漠化的進程。這幅壁畫表現了撒哈拉在變成沙漠之前，水草肥美、牛羊成群的遊牧景象。

■ 考斯特遺跡（約前 6000 年以前）

位於美國伊利諾斯以北 45 英里處。在地下 34 英尺處，有著不同層位的 14 處居所。

■ 雙刃石器

□ 約產生於前 8000 年的北美，此時的石器形態已經比較固定，都有著鋒利的雙刃、較為平整的刀身和尖的頂部，可以用來切割根莖類和肉類食物。

■ 女性小雕像（前 6000 年）

發現於都爾·索汪，是兩河流域原始時期的雕像。其特點是描黑了的誇張的大眼睛、高鼻梁、薄面的身體和尖賢的乳房。

□ 原始社會生產力極其低下，但人們在吃生食物的基礎上，開始嘗試著使用火。食用獵物之後所剩的皮毛則加工做獸皮衣物。同時，為了得到更多獵物和生活所需品，原始人開始打造石器。

石器與毛皮加工

■ 北京人復原像
（約 70 萬年－20 萬年前）
北京人是舊石器時代遠古人類的典型代表，它的發現成為古人類考古和研究史上的里程碑。

原始半穴居

□ 在原始社會，有一種與巢居形式並存的原始居住形式，依天然洞穴形式建造的"穴居"。本圖是穴居形態——半穴居。

■ 湖南玉蟾岩陶釜（前 8500 年）
出土於湖南玉蟾岩遺址，製作粗糙，復原後呈釜形器，這是目前中國發現的最早的具有完整形態的陶器。

■ 雲南元謀人牙齒化石（約 170 萬年前）
這兩顆元謀人的牙齒化石，屬於上中門齒。這是中國大地上很早就有人類生存的佐證。

■ 河南賈湖遺址骨笛（前 7000 年）
這是世界上迄今為止發現最早、保存最完整的管樂器，五孔、六孔、七孔和八孔笛，長度大約都在 17.3 － 24 直徑在 0.9 － 1.72 厘米，製作規範，形制固定。

- 約 170 萬年前 雲南元謀人。
- 約 80 萬年前 藍田人。
- 約 70 萬年－20 萬年前 北京人。
- 約 19 萬年前 湖北長陽人。

- 約 13 萬年前 山西襄汾丁村舊石器時代中期遺址。
- 約 10 餘萬年前 陝西大荔人。
- 約 10 萬年前 北京周口店的新洞人。
- 約 2 萬年前 河南安陽小南海文化。
- 約 18000 年前 北京山頂洞人。

- 約 14000 年前 貴州興義舊石器時代晚期文化遺址。
- 前 9000 年左右 河北陽泉虎頭梁舊石器時代遺址。

- 前 8500 年 湖南玉蟾岩遺址，其出土的原始陶器是目前中國最早的新石器時代遺址的陶器，並有最早的稻穀出土。

- 約前 8000 年 廣東南海西樵山石器製造

前 8000

- 前 40000 年左右 克羅馬儂人從非洲移居歐洲。
- 前 37000 年左右 南非的波達洞窟中出現了使用獅狒脛骨製成的計數工具。
- 前 35000 年左右 在扎伊爾出現了帶有石英飾物的小工具。
- 前 30000 年左右 非洲南部的狩獵採集者採摘果實。

- 前 30000 年左右 澳大利亞北部的土著居民開始磨製石斧。
- 前 26000 年左右 納米比亞阿波羅遺跡的洞窟上，出現了迄今為止最古老的壁畫。
- 前 18000 年左右 俄羅斯西部建成以長毛象的骨頭為柱子的房屋。
- 前 17000 年左右 印度尼西亞的狩獵者使用矛。

- 前 15000 年左右 阿ütma及利亞出現了赤土像。
- 前 13000 年左右 住在歐洲西北部洞窟中的人類用黑曜石製造石斧。
- 前 10000 年 亞洲開始出現農耕，並開始將野生動物馴為家畜。
- 前 9000 年 日本地區繩紋時代開始，一直持續到前 5000 年結束。

- 前 8900 年 美洲的印第安人活動頻繁，並形成原始的村落。
- 前 8700 年左右 羊在伊拉克被人類馴化。
- 前 8600 年 從亞洲遷移而來的早期北美人以狩獵為生。

- 前 8000 年 以法國、西班牙為主的阿中出現倒刺魚叉等粗加工後的石質工具
- 前 8000 年 西亞出現了用曬乾的磚蓋的
- 前 7800 年 伊拉克、土耳其和巴勒斯出現原始農業並開始馴養動物。
- 前 7700 年 敍利亞地區出現矩形磚砌式房屋。

阿爾塔米拉洞窟岩畫

□位於西班牙桑德省阿爾塔米拉，是 3 萬年前的史前人類所作。這些岩畫中的動物大多採用誇張和抽象的手法表現，是人類研究史前文明的重要窗口。

■ 拉文特岩畫
（前 10000－前 3000 年）
位於西班牙東部地區。有四十幾處岩畫遺跡，都是畫在露天的石灰質山岩的隱蔽處，大多彩繪，是歐洲中石器時代藝術的代表。

摩岩石刻

□ 位於大洋洲卡卡杜國家公園內。是距今約 2.5 萬年至 1.8 萬年前，由當地土著人繪製而成的。壁畫以動物鮮血和礦物質繪製而成，因為所處岩洞的溫度與濕度適宜，所以一直保存至今。

■ 傑里科頭像（前 10000 年）
出土於巴勒斯坦境內，是用一個傑里科居民的頭顱作為模具拓出來的。

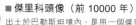

■ 內蒙古興隆窪玉玦（前 6200 年）
興隆窪文化玉器以裝飾功能為主，部分玉器具有禮器或神器的功能，玉玦是中國迄今所知年代最早的玉器之一。

■ 河南賈湖遺址刻符龜甲（前 7000 年）
河南賈湖遺址發現的刻在隨葬龜甲、骨器和石器上的符號，是迄今為止最早的文字雛形。

● 約前 6000 年 廣西武鳴洞穴遺址。
● 約前 6000 年 湖南彭頭山文化八十遺址，發現干欄式建築。
● 約前 6000 年 青藏高原中石器時代的文化遺存。
● 約前 5850 年 甘肅大地灣文化。

● 約前 5400 年 河北武安磁山文化最早培植粟和飼養家畜、家禽。
● 約前 5400 年 山東滕州北辛遺址，大汶口文化的直接源頭。
● 約前 5300 年 遼寧瀋陽新樂文化出現煤精工藝。

00 年 河南賈湖遺址出土了世界上迄今為
最早、保存最完整的管樂器——骨笛。

● 約前 7000 - 5000 年 河南裴李崗文化。
● 前 6800 年 江西萬年仙人洞，華南新石器時代早期遺址。

前 6200 - 前 5400 年 內蒙古興隆窪文化，出土中國迄今所知年代最早的玉器。

前 7000	前 6500	前 6000	前 5500

00 年 在土耳其出現銅器，這是人類迄今
最早的銅器。
00 年 最早的墓出現在美國的阿肯色。
現最早的宗教性建築。
00 年左右 豬在土耳其被人類馴化。

● 前 6900 年 小亞細亞半島上出現有統一規格和佈局的防衛性聚居村落。
● 前 6800 年 愛琴海地區出現海上交流活動。
● 前 6600 年 約旦河西岸的艾因蓋扎勒地區出現彩繪黏土人像。

● 前 6500 年 非洲中部地區出現帶有人工雕刻痕跡的骨頭，這也是最原始的記錄信息方法。
● 前 6500 年 歐洲東南部開始出現了最初的穀物栽培。
● 前 6400 年 馬其頓地區出現克諾斯文明（Knossos），並有以農業和馴養牧業為主的居民。
● 前 6100 年 撒哈拉地區被森林、河流覆蓋，當地居民以農業和馴養動物為生。

● 前 6000 年左右 傑里科和土耳其的查得爾·非約克開始興起了城市。
● 前 5900 年 歐洲原始農業從北部向西部發展。
● 前 5700 年 底格里斯河中游摩蘇爾地區出現長方形和圓形平面房屋組成的農業村落。
● 前 5600 年 土耳其境內出現大批居民聚居的城鎮。

● 前 5300 年 埃及人開始穿著各種手工亞麻織品。

■ 費贊岩刻中保護幼象的大象（前 9000 年）
發現於撒哈拉的阿特拉斯山脈，是原始人類在觀察生活時的產物。

■ 石杵和石臼（前 7000-前 4000 年）
發現於伊拉克。石杵和石臼用於處理大麥和小麥，使它們更容易被吸收。

壁畫

□ 位於阿爾及利亞境內。最早繪製於前 6000 年。壁畫按照繪製內容可分為四個時期，記錄了撒哈拉逐漸沙漠化的進程。這幅壁畫表現了撒哈拉在變成沙漠之前，水草肥美、牛羊成群的遊牧景象。

■ 考斯特遺跡（約前 6000 年以前）
位於密蘇里州聖路易斯以北 45 英里處。在地下 34 英尺處，有著不同層位的 14 處居所。

■ 女性小雕像（前 6000 年）
發現於都爾－索汪，是兩河流域原始時期的雕像。其特點是描黑了的誇張的大眼睛、高鼻梁、渾圓的身體和尖聳的乳房。

雙刃石器

約產生於前 8000 年的北美，
的石器形態已經比較固定，
有著鋒利的雙刃，較為平整的
和尖尖的頂部，可以用來切
根莖類和肉類食物。

半坡人面魚紋

□ 人面魚紋是半坡時期較為常見的紋樣，反映了原始社會人們以漁獵為主的生存方式，也反襯出人與自然的關係。

■ 河姆渡象牙蝶形器（約前 5000 年）

象牙殘片上刻陰線圖案，中間是一同心圓，圓周刻火焰，兩側為對稱的長尾鳥，似雙鳳朝陽，有六個鏤孔。

■ 河姆渡豬紋陶缽（約前 500...

該陶缽器形相當完整，俯視呈圓角...斜腹平底。

人面魚紋彩陶盆

□ 人面魚紋彩陶盆就是繪有人面、魚紋、網紋的彩陶盆，既反映了原始社會彩陶製作的技術水平，也反映了原始繪畫的狀況，由此可了解原始人的一些生活與生存狀態。

□ 仰韶文化聚落中，有很多半地下的單個穴居。本圖即是這種半穴居單體房子的復原圖。它的頂呈兩面坡式，下圍似四面坡，前方有一窄道作為入口通道。

仰韶文化半地下穴居

大汶口彩陶器座

□ 大汶口文化出土有大量的珍貴原始陶器。本圖是大汶口文化的彩陶器座，腰上鏤有小孔。

- 約前 5000 年 陝西華縣老官台文化，是仰韶文化半坡類型的先聲，黃河流域出土最早的彩陶。
- 約前 5000 年 陝西華縣元君廟墓地，是保存完整的仰韶文化半坡型墓地。
- 約前 5000 年 河南下王崗類型出現，為仰韶文化早期代表。
- 約前 5000 年 長江下游河姆渡文化興起。

- 約前 4700 年 太湖馬家浜文化出現。
- 約前 4600 年 陝西臨潼姜寨仰韶文化出現，屬半坡類型。

- 約前 4500 年 河南安陽後崗類型出現，屬仰韶文化第二期。
- 約前 4500 年 湖南城頭山遺址發現湯家崗文化時期的稻田，是全世界目前發現最早的水稻田。
- 約前 4400 年 四川巫山大溪文化出現。
- 約前 4300 年 山東大汶口文化出現。
- 約前 4300 年 山東兗州王因遺址。

- 約前 4100 年 黑龍江新開流文化。

- 約前 4000 年 仰韶文化廟底溝型，是...的繁榮期。

前 5000	前 4750	前 4500	前 4250	前 4000

▶ 前 5000 年 古埃及先王朝

- 前 5000 年 中美洲居民開始種植玉米，開始以農業為主的生活。
- 前 5000 年左右 蘇美爾人在亞洲西部的兩河流域下游定居。
- 前 5000 年 羅馬尼亞開始出現發達的麥蘭尼查文化。
- 約前 4900 年 入侵的閃米特人與當地非閃米特人開始在美索不達米亞地區相互融合。

- 前 4500 年左右 原南斯拉夫地區出現了能夠對銅進行精煉和加工的並查文化。
- 前 4300 年 蘇美爾人開始農耕，並進入石器與銅器並用階段。

- 前 4200 年 埃及人發明日曆。
- 前 4100 年 非洲撒哈拉地區的綠洲開始沙化，並於一百年後徹底變成沙漠。

- 前 4000 年 西亞索不達米亞地區的...創造出文字。
- 前 4000 年 埃及人進入階級社會，並於...年成為強大的集權制國家。
- 前 4000 年左右 尼羅河上出現了帆船。
- 前 4000 年左右 秘魯開始了使用馬的農...
- 前 3800 年 英國修建了世界上最早的人...

■ 納米爾石板浮雕
（前 3100 年）

出土於埃及，表現了實現埃及統一的納米爾國王的功績。畫面分多層上下排列，人物大小依身份高低而定。

巨石陣

□ 現存於英格蘭索爾斯堡平原。約在前 3000 年前就已經出現，其營造工作可能一直持續到前 1500 年。這個巨石陣平面呈圓形，外直徑近 30 米。巨石陣的建造目的及其功能之謎，至今仍未能解開。

馬斯塔巴墓

□ 古埃及早期王朝時期的第一、二王朝時的法老的陵墓。是從早期土木結構向磚石結構過渡時期的產物，也是金字塔的最早形式，阿拉伯人稱之為"馬斯塔巴"。

閻村魚鳥石斧彩繪陶缸

□ 河南省臨汝縣閻村出土。陶缸腹部繪鸛鳥銜魚、石斧圖案，是我國原始陶繪中罕見的藝術珍品。

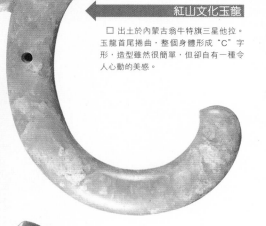

紅山文化玉龍

□ 出土於內蒙古翁牛特旗三星他拉。玉龍首尾捲曲，整個身體形成 "C" 字形，造型雖然很簡單，但卻自有一種令人心動的美感。

■ 良渚文化玉琮（約前 3300 年）

玉琮是良渚文化典型的禮器，它與玉璧構成了那一時期重要的玉文化典型器。

良渚文化玉鉞紋樣

□ 良渚文化留存遺物中有很多玉器，有玉琮、玉鉞、玉冠飾、玉符、玉叉、玉璜等。玉器上面的裝飾紋樣以神人獸面紋具代表性。本圖是發現於浙江餘杭良渚墓中的玉鉞上的神人獸面紋，是良渚玉器的典型紋樣。

■ 紅山文化玦形玉捲龍（約前 3500 年）

玉捲龍是紅山文化玉器的典型作品，它與紅山文化出土的 "C" 字形玉龍，共同構成了紅山文化的主要玉文化表現。

螺旋紋的幾種形式

□ 馬家窰彩陶螺旋紋非常精美，它的紋樣本身就極具裝飾性，並根據紋樣的具體安排呈現而延伸出不同的形式，有以點為中心線條向多個方向向外旋轉，有從中心以弧線連接向外旋轉，還有以同心圓形式漸漸向外擴展。

- 約前 3500 年 紅山文化出現，為北方新石器文化的代表。
- 約前 3400 年 內蒙古富河文化出現。
- 約前 3300 年 湖北屈家嶺遺址，發現彩陶紡輪。
- 約前 3300 年 太湖良渚文化出現，發現精美玉器。
- 約前 3300 年 甘肅臨洮馬家窰文化出現。

- 約前 3000 年 西藏昌都卡諾新石器時代遺址。
- 約前 3000 年 安徽凌家灘遺址，出土精美玉器。
- 約前 3000 年 紅山文化牛河梁女神廟遺址，出土裸體女神陶像。
- 約前 2800 年 氏族制解體微露端倪。

前 3500	前 3250	前 3000	前 2750

▶ **前 3200 年 古埃及文明**　　▶ **前 3000 年 早期亞述王國**　　▶ **前 2700 年 吉爾伽美什王國**

▶ **前 2800 年 蘇美爾早王朝**　　▶ **前 2600 年 米諾斯文明**

...0 年 蘇美爾人開始出現聚居區內，生產...化造成貧富差異和私有制。

- 前 3500 年 駱駝被秘魯人馴養成供駄運用的交通工具。
- 前 3300 年 蘇美爾人發明了最早的文字。
- 前 3300 年左右 西班牙的勞斯·米力米斯造了共同埋葬用的帶墓道的石室墓。

- 前 3200 年 美尼斯國王統一上、下埃及，建立第一個統治埃及的王朝。
- 前 3200 年 古埃及出現了最初的 "神聖文字"。
- 前 3200 年左右 愛爾蘭的新格蘭斯建造了帶墓道的石室墓。
- 前 3100 年 美索不達米亞地區多個種族融合為蘇美爾人。
- 前 3100 年左右 美索不達米亞建設了烏爾（Ur）等蘇美爾人的城市國家。

- 前 3000 年左右 美索不達米亞出現了車輪。
- 前 2850 年 愛琴海一帶形成以葡萄、橄欖為主的大片農副業種植區。

- 前 2700 年 愛琴海地區的基克拉迪斯島成為小亞細亞與希臘半島間重要的海上中轉站。
- 前 2613 年 埃及及王朝進入第 4 王朝時期，著名的吉薩金字塔群就誕生於這一時期。
- 前 2600 年左右 舉世聞名的胡夫金字塔建成。
- 前 2600 年 愛琴海上的最大島嶼——克里特島，發現了米諾斯王的王宮和大量文物。
- 前 2590 年 金字塔前巨大的斯芬克斯像雕鑿完成。

王冠

□ 由黃金、藍寶石和貝殼等材料製作的王冠，是中東的伊拉克地區古文明的象徵。這個王冠約製作於前 2650 年至前 2550 年之間，無論從材料的搭配還是做工上看，都已經達到了相當高的水平。

吉薩金字塔群

□ 約建於前 2585 年至前 2511 年，古埃及第四王朝時期，由胡夫、海夫拉與門卡烏拉三代法老的三座金字塔組成。吉薩金字塔群以龐大的規模、神秘的建築形式和著名的獅身人面像著稱，是古埃及的標誌。

折線金字塔

□ 位於埃及達舒爾地區，約建造於前 2600 年至前 2500 年間。這座金字塔在建造過程中，頂部坡度被迫降低，說明此時的工程技術水平還有待改進。

左塞王陵墓區

□ 約建造於前 2680 年。是一個由階梯形金字塔與祭廟建築組成的陵墓區。這裏出現的階梯形金字塔，也是第一座由經過加工的石材疊砌的金字塔。

■ 獅身人面像
（前 2570－前 2544 年）

這座有著人頭的臥姿獅子的雕像，是埃及第四王朝法老海夫拉建造的，象徵法老的靈魂不滅，永遠保持着對人世間的權威統治。雕像高約 19.8 米，就坐落在埃及大金字塔附近。它是世界上最大的岩石雕像，也是埃及最有代表性的古代遺跡之一。

■ 牛河梁出土女神头像

這件女神頭像與真人頭等大，女神的臉形為方圓形，顴骨突起，雙眼中鑲嵌著兩塊經過拋光處理的青色圓形玉片，嘴唇掀動，頗具神秘色彩。

■ 二里頭二號宮殿主體殿堂基址

主體殿堂為一座面闊 3 間的殿堂建築。庭院東西兩側有內廊房，南面設一排裏外複廊，中間置大門，庭院地下置陶質排水管道設施。

夏 陶製飲器

□ 夏代的陶製器主要是日用器皿，包括用來飲酒或喝水等的飲器。河南偃師二里頭出土的角和爵就是其中的兩種，上部是飲用的口，下部有足，多為三足，腰部收細以便手握。整體造型兼具實用性與藝術性。

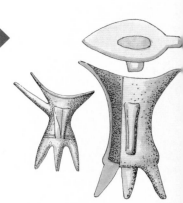

夏建築

□ 夏代仍然處在茅茨草屋的階段，即使是帝王所居的宮殿類建築，實際也不過是草屋而已，只是體量要大一些。本圖是河南偃師二里頭一座重簷茅草頂的夏代大型建築復原圖，不但體量高大，前部還帶有柱廊，看起來很有氣勢。

夏 陶器深腹罐

□ 河南偃師二里頭文化出土的陶器品類，以夾砂灰陶和黑陶數量最多，紅陶已極少見。陶器造型很多，有鼎、甕、罐、豆、爵、盤、器具蓋等。本圖即為當時的一種深腹罐，腹部微鼓，線條圓潤。

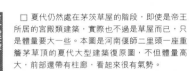

- 約前 2500 年 龍山文化，出現了輪製陶器、玉器。
- 約前 2500 年 山東龍山文化，黑陶是顯著特色。
- 約前 2500 年 河南平糧台古城址，面積達 50000 平方米。
- 約前 2500 年 山西襄汾陶寺遺址。

- 前 2400 年 台灣台北圓山文化。

- 約前 2100 年 河南偃師二里頭。
- 約前 2150 年 河南登封王城崗遺址。
- 約前 2050 年 大禹治水取得成功。

夏 約前 2070

前 2500	前 2400	前 2300	前 2200	前 2100

▶ 前 2500 年 烏爾第一王朝

▶ 前 2350 年 阿卡德王國

▶ 前 2250 年 哈拉帕文明

- 前 2500 年左右 來自西方的移民來到印度河流域。
- 前 2500 年 蘇美爾早王朝時期的烏爾第一王朝建立。

- 前 2400 年 各種相同類型的陶器在歐洲北部普及開來，成為人們日常生活所需的用品。
- 前 2350 年 阿卡德人統一兩河流域南部，給美索不達米亞的經濟文化帶來新發展。

- 前 2300 年 墨西哥居民開始形成以農業為主的村莊。
- 前 2300 年左右 阿卡德國王薩爾貢征服了蘇美爾。
- 前 2250 年 印度河流域的哈拉帕（Harappa）文明開始與兩河流域諸國有商業往來。

- 前 2200 年 厄瓜多爾地區的居民普遍使用陶器。
- 前 2200 年左右 講最初形式的希臘語的印歐語系民族侵入希臘半島。
- 前 2200 年左右 愛琴蘭開始了青銅器時代。
- 前 2113 年 烏爾第三王朝時期開始，並產生了世界史上第一部法典——《烏爾納木法典》。

- 前 2100 年 蘇美爾人開始用曬乾的泥磚型的山嶽台建築。
- 前 2080 年 喜克索人從巴勒斯坦向敍利亞及進行軍事擴充。
- 前 2050 年 強盛的早期亞述王國衰落。

鑲嵌畫板

□ 伊拉克地區的蘇美爾人在前 2400 年之前已經建立起強大的烏爾王朝。此時的鑲嵌畫以瀝青為底，並由不同顏色的礦石、貝殼鑲嵌出細緻的圖案，而瀝青也是明顯帶有地域特點的材料。

木製舟

□ 位於伊拉克的山嶽台約建於前 2125 年，是蘇美爾人進行宗教與祭神儀式的場所。整個山嶽台由泥胚磚砌成，是當時城市的最高點。這種建造高台作為與神接觸場所的傳統，也是此地區各個文明共有的特點。

烏爾納姆山嶽台

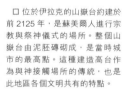

彈豎琴的女子

□ 約製作於前 2500 年至前 1900 年左右，是古希臘前身之一基克拉迪文明時期的藝術品。這尊雕像是當地原始宗教的象徵，但其簡約、流暢的線條也與現代派雕塑作品的風格十分相近。

楔形文字

□ 蘇美爾人用蘆葦刻在泥板上的楔形文字，是人們了解其古老文明的鑰匙。約在前 2000 年，已經有了用楔形文字專門記錄醫學知識的原始書。

□ ■ ● 中國　　□ ■ ● 歐洲　　□ ■ ● 非洲　　□ ■ ● 亞洲　　□ ■ ● 美洲　　□ ■ ● 大洋洲

齊家文化高領折肩罐

□ 齊家文化陶器以泥質紅陶、夾砂紅褐陶為主，彩陶較少。陶器的形狀有雙耳罐、高領折肩罐、豆、高等。器形和紋飾大多與馬家窯文化馬廠型相似，是受到馬廠型影響的一種文化。圖中的高領折肩罐，是齊家文化陶器的代表性器物。

商 大銅鼎

□ 鄭州市張寨南街杜嶺出土，為商代前期青銅器的代表作。

□ 這件器物出土於墓主人的胸部，可能代表了墓主人的特殊身份。圖案組合精巧，極富裝飾效果。

二里頭嵌綠松石銅飾牌

商 銅罍

□ 銅罍是商代一種用來盛酒的酒具。圖中這尊商代銅罍出土於中國的遼寧喀左。銅罍頂部雕有小獸，表面雕刻有龍紋，兩側有龍形雙耳。

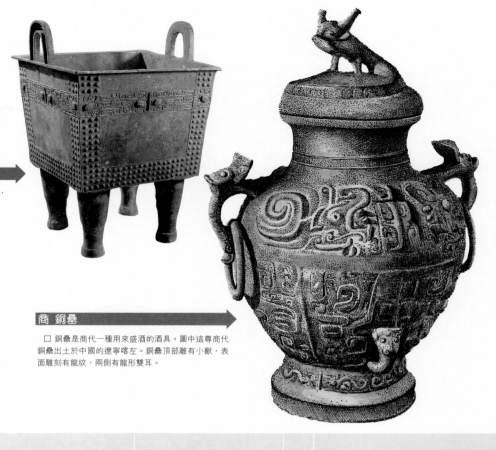

●...00 年 甘肅、青海境內的齊家文化遺址。	● 約前 1900 年 河南偃師二里頭宮殿遺址。		● 約前 1650 年 孔甲繼位。夏朝開始走下坡路。	● 前 1579 年 湯推翻了夏朝。
●..90 年 啟建立夏朝，奴隸社會開始。	● 約前 1890 年 少康從外祖父家逃奔有虞氏。		● 前 1620 年 泰山發生地震，它是目前世界上最早關於地震的記錄。	● 約前 1562 年 湯建立商朝。
●..80 年 太康繼承啟位為天子。	● 約前 1880 年 少康開始積蓄力量，準備回國奪取政權。		● 前 1614 年 桀即位，他是夏代最後一個統治者。	● 約前 1550 年 成湯卒，太子太丁之弟外丙繼位。
●..50 年 太康卒，其子仲康即位。	● 約前 1868 年 少康帶來了夏朝的中興，史稱"少康中興"。	● 約前 1800 年 予的兒子槐繼承了王位。		● 約前 1548 年 外丙卒，弟仲壬繼位。
●..40 年 夷羿掌握了真正的政權。	● 約前 1850 年 予繼承了皇位，開始征伐東夷。	● 約前 1770 年 九夷來朝，四方基本安定。		● 約前 1544 年 商朝進入第一次興盛。
●..25 年 仲康卒，其子相繼帝位。		● 約前 1760 年 槐建立圜土（即監獄）。		● 約前 1533 年 太甲卒，其子沃丁繼位。

商 約前 1579 年

	前 1900	前 1800	前 1700	前 1600
..00 年 亞述王國	▶ 前 1894 年 古巴比倫王國		▶ 前 1700 年 西台王國	

..年左右 秘魯出現了有祭祀中心的部落。	● 前 1900 年 瑪雅人出現在中美洲地區並開始定居生活。	● 前 1800 年 雅利安人開始佔據印度河流域，哈拉帕文明衰落。	● 前 1700 年 西台（Hittite）王國興起於小亞細亞地區。	● 前 1600 年 最早的輕型戰車的研究接近完成。
..年 腓尼基人處於埃及的統治之下。	● 前 1894 年 巴比倫建立城邦，美索不達米亞文明發展至頂峰。	● 前 1800 年左右 古巴比倫發明了乘、除法表，以及計算根、立方根、倒數和指數的表格。	● 前 1700 年左右 秘魯地區的居民使用陶器，並開始有組織的大型宗教活動。	● 前 1595 年 土耳其境內的西台人發動對巴比倫的戰爭，強大的古巴比倫王國衰落。
		● 前 1750 年 巴比倫在漢謨拉比的統治下成為統一的專制國家，世界上第一部成文法典《漢謨拉比法典》完成。	● 前 1674 年 埃及進入由喜克索人統治的時期	● 前 1570 年 埃及進入新王國時期。
				● 前 1550 年左右 雅赫摩斯一世成功逐出了埃及的遊牧民族。
				● 前 1530 年 哈特謝普蘇特成為古埃及的女法老。

..2100 － 前 1800 年)

..製船模型是從前..年起就出現在墓室..葬品之一。這件..製了當時尼羅河..的渡船。模型船..有何露斯神的鳥..，用以保護船員..全。在古埃及宗..木船除了用來運..遺體之外，還是..過天空時的運載..也是法老進入靈..的交通工具。

□ 從古王國開始，一些與日常生活相關的木製模型就已經成為古埃及人的殉葬品，（不過這一風俗真正興盛是在中王朝。）這件文物所表現的廚師正在爐火前烤一隻鵝；代表爐火的是由紅、白、黑三色組成的圓圈，廚師的右手忙著搧火，左手拿著一隻鵝。

廚師塑像

黃銅合金銘文小雕像

□ 雕像為一位頭頂籃筐的男性，他的軀幹被塑造成扁平的尖釘狀。雕像下半部與石板上清晰的銘文是拉爾薩王瑞姆辛建恩基神廟的見證。
從前 2100 年到瑞姆辛（前 1822 － 前 1763 年）統治時期，帶有楔形文字的小雕像在美索不達米亞非常普遍。

鏡子

□ 這件文物是古王朝晚期和中王朝（第一過渡時期）的典型製品，金屬鏡面可能是青銅或紫銅，經過了高度的打磨；鏡柄為木製，呈莎草莖狀。從古王朝時期起，鏡子在埃及文明中就是人們日常梳妝的必備品。在古埃及語中，"鏡子"一詞也帶有"生命"的意思。因而在陪葬品中鏡子便因此"再生"的寓意而顯得格外重要，經常被安置在木乃伊的綳布層中，位於死者的頭部、胸部、手中或兩膝間。

米諾斯王宮

□ 前 1700 年至前 1500 年的米諾斯王宮是米諾斯文明的集中地，因火山爆發而被埋沒，後人根據當地一直流傳的關於半人半獸的米諾斯怪獸的傳說重新發掘了這座城市。

商 刻辭龜腹

□ 河南省安陽市花園村出土。這片龜甲上的卜辭共56字，主要內容是高級貴族外出打獵能否捕獲到野獸。

■ 商 甲骨卜辭

甲骨文是中國早期的契刻文字，內容分為占卜類和記事類兩種。其中，記事類卜辭記錄了殷商上層社會的軍事、政治、經濟、科技等活動。

商 三星堆銅人立像

□ 中國迄今出土最大的青銅人物造像，通高260厘米。衣襟成燕尾形，它是古蜀王國神權政治領袖形象的塑造。

商 三星堆銅面具

□ 這件銅面具是三星堆獨具特色的青銅器，額部正中有方孔，雙眼眼球呈柱狀外凸，向前伸出約30厘米；雙耳向兩側充分展開。整個造型意象神秘，風格雄奇華美。

商 曲內歧冠式戈

□ 商代的銅兵器製造技術，不僅在銅錫合金方面已臻完美，而且雕鏤鑲嵌，手工藝精巧細緻。圖為安陽殷墟出土的戈。

- 約前 1491 年 雍己繼位。商朝出現了第一次衰落。
- 約前 1479 年 雍己卒，弟太戊繼位。商朝再次復興。
- 約前 1404 年 仲丁即位，並將商朝的都城自亳遷到了囂。

- 約前 1378 年 河甲將都城由囂遷到了相。商朝第二次衰落。
- 約前 1369 年 祖乙即位，並將都城由相遷到了邢。商朝第三次復興。
- 前 1369 年 卜辭記載日珥：這是人類關於日珥的首次記錄。

- 約前 1312 年 盤庚將都城由奄遷到了殷。商朝迎來鼎盛期。
- 約前 1284 年 商代又一次出現衰落現象。
- 約前 1271 年 武丁即位。商朝再次興盛，史稱"武丁中興"。

- 約前 1200 年 三星堆文化。
- 約前 1164 年 康丁繼位。確立了嫡長子繼承制。
- 前 1147 年 武乙即位。周興起。
- 前 1113 年 文丁即位。

- 約前 1099 年 辛（紂王）即位，他是□國之君。
- 前 1066 年 牧野之戰，武王推翻商朝□
- 前 1065 年 武王建立周朝，並分封諸□
- 前 1064 年 武王卒。其子誦繼位，為□
- 前 1058 年 周公旦制禮作樂。
- 前 1056 年 周成王營建東都洛陽。

周 前 1□

周

前 1500　　　前 1400　　　前 1300　　　前 1200　　　前 1100

- 前 1500 年左右 西台人開始使用鐵器。
- 前 1500 年左右 墨西哥出現了以聖洛倫索為中心的奧爾梅克文化。
- 前 1500 年左右 雅利安人來到旁遮普地區，印度文明覆滅。
- 前 1450 年 米諾斯文明因火山爆發而衰落，邁錫尼人進駐克里特諸島。

- 前 1375 年 亞述王國進入發展中期。
- 前 1348 年 埃及新王國阿蒙霍特普四世興建新首都阿馬納城。
- 前 1304 年 拉美西斯二世重新組建埃及王國。

- 前 1280 年 埃及國王拉美西斯二世與入侵的西台人議和。
- 前 1260 年左右 摩西率希伯來人逃出埃及。
- 前 1250 年 邁錫尼與特洛伊在土耳其其境內展開了長達十數年的特洛伊戰爭。
- 前 1250 年 腓尼基文明在黎巴嫩地區發展成熟，並出現了字母型文字。

- 前 1200 年 黑西哥灣沿岸的奧爾梅克人開始建造大型的祭廟建築。
- 前 1200 年 秘魯沿岸出現了查文文化（Chavin）。
- 前 1160 年 古埃及拉美西斯三世開始在尼羅斯修建規模龐大的宮殿和祭廟。

- 前 1100 年 南美洲出現了有着精美商□查文明。

哈特謝普蘇特陵墓

□ 古埃及最著名的女法老哈特謝普蘇特陵墓，修建於前 1470 年。她的繼任者因為嫉恨女王奪取了自己的王位，下令將陵墓中所有女王的頭像都砍了下來。

阿馬納城

□ 興建於前 1348 年到前 1335 年的阿馬納城，是古埃及新王國時期阿蒙霍特普四世實行宗教改革後遷居的新都城。此時的都城已經開始有了規劃意識，並形成了以皇宮為中心的建築格局。

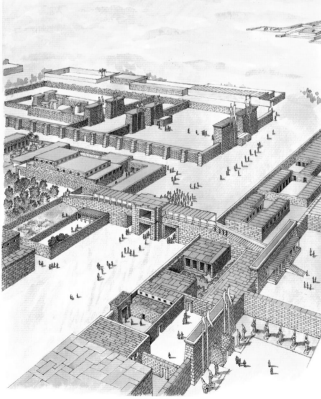

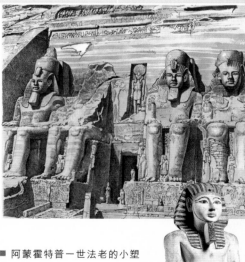

■ 阿蒙霍特普一世法老的小塑像（約前 1200 年）

埃及法老阿蒙霍特普一世的塑像，是他死後多年由後人供奉雕製而成，同時供奉的還有他的母親。石像原來是按照埃及的傳統加以着色的，但我們現在看到的色彩可能是在它到達都靈之後重新被修復之後的顏色。

利簋

□ 臨潼縣零口出土，內底鑄
武王在討伐商紂之前占卦
銘文，共 33 字；它是反
持時代風格的標準器，
烙的斷代提供了重要依據。

■ 西周 史牆盤

西周恭王時期作品，陝西扶
風莊白村出土。盤內鑄有銘
文二百餘字，述及周開國以
來的史實，銘文形體整齊劃
一，表現出端莊而不呆板，
活潑而不流媚的藝術風格。

商 司母戊鼎

南安陽侯家莊武官村，重達 832.84 公斤，
33 厘米，是迄今為止出土的最大最重的青銅
腹內壁有銘文 "司母戊"，是商代青銅文
時期的代表作。

■ 西周 玉牌聯珠串飾

玉牌呈青綠色，梯形，鏤空作相
背的雙鳥紋。上端有小穿孔六
個，繫六串料管；下端有小穿孔
十個，用以懸掛垂下的長串飾。

西周 印紋陶鬲

□ 出土於陝西省長安縣普渡村。鬲
口部大張，口沿圓而薄。口沿下部有
較明顯的收縮。再下部是鼓起的腹，
腹上有成行的斜向印紋。腹下有三
足。

春秋 王子午鼎

□ 出土於河南淅川下寺二號墓，鼎腹內
壁鑄有銘文 86 字，記王子午鑄鼎之事。
鼎的外部裝飾繁縟細緻，與敦厚的造型大
異其趣，為商周以來中原青銅文化與楚人
瑰麗巧思的完美結合體。

■ 春秋 趙卿墓方壺

出土於太原金勝村晉國
趙卿墓，其頸部的獸形
耳與蓋上的蓮花擢，動
與靜集於一體，相映成
趣，是一件不可多得的
藝術品。

春秋 越王勾踐劍

□ 出土於湖北江陵紀南城一
號楚墓。近格處有銘文："越
王勾踐自作用劍。"

● 前 877 年 胡即位，為周厲王。
● 前 841 年 國人暴動，將周厲王趕下了王位。
● 前 828 年 "共和"時代結束。
● 前 827 年 宣王即位，周、召輔政，周室的元
氣藉此有所恢復。

年 昭王子即位，為穆王。
年 穆王西征，到達青海一帶。

● 前 797 年 宣公討伐太原之戎。
● 前 789 年 宣王伐申戎，得勝。
● 前 788 年 宣王在位時，"不借千畝"，以放寬
對山林川澤的控制。
● 前 776 年 九月六日發生日蝕，這是世界上最
早最確切的日蝕記錄。

● 前 689 年 衛惠公逃亡後復國。
● 前 686 年 齊國內亂，襄公被殺。
● 前 681 年 齊桓公開始了他的霸業。
● 前 663 年 齊桓公發兵救燕，攻伐山戎。

● 前 594 年 魯國實行"初稅畝"。
● 前 589 年 齊晉發生鞍之戰。
● 前 584 年 吳國興起。
● 前 565 年 晉悼公恢復霸業。

春秋 前 770 年 (東周)

前 900	前 800	前 700	前 600

埃及後王朝

▶ 前 550 年 波斯帝國

0 年左右 希臘人開始向愛琴海各島移民。
0 年左右 雅利安人進入恆河流域。
0 年左右 希伯來人建立自己的王國。
年 邁錫尼文明分裂，歐洲文明發展停滯。
年 多利安人入侵希臘大陸。

● 前 900 年 希臘地區開始出現少量的玻璃製品。
● 前 900 年左右 希臘南部，斯巴達建立。
● 前 900 年左右 西非的諾克人用硬陶土製作了
獨特的頭像。
● 前 850 年左右 秘魯的查文·德·萬塔爾的神
殿裏舉行了膜拜"笑神"的巡禮。
● 前 814 年 地中海沿岸的腓尼基人在突尼斯建
立了殖民城市迦太基。

● 前 800 年左右 伊特魯里亞人開始在意大利半
島中部的西側建造城市。
● 前 776 年 第一屆奧林匹克運動會召開。
● 前 734 年 希臘人在西西里島的西拉克薩建立
殖民城市。
● 前 720 年 亞述吞併巴比倫成為西亞最強大的
帝國，並開始向外擴張。

● 前 700 年 古希臘文學家荷馬記錄特洛伊戰爭
的作品《伊里亞特》完成。
● 前 612 年 亞述帝國被新巴比倫王國和米底王
國瓜分。
● 前 605 年 尼布加尼撒二世即位，新巴比倫王
國開始了最為輝煌的階段。

● 前 600 年《伊索寓言》完成。
● 前 594 年 梭倫擔任雅典執政官，他制定法律
解放了因借債而淪為奴隸的雅典市民。
● 前 586 年 新巴比倫攻陷耶路撒冷，劫走了那
裏的居民。
● 前 530 年 佛教創始人喬達摩·悉達多參悟佛
理，開始四處講法。
● 前 510 年 羅馬共和時期開始。
● 前 508 年 雅典確立了民主政權。

阿布辛拜勒大神廟

王國時期拉美西斯二世在前 1260 年主持修建的
勒大神廟，是在山岩中雕鑿出來的。神廟面對
門口為 20 餘米高的拉美西斯二世坐像。

空中花園

□ 巴比倫城在前 605 年尼
布加尼撒二世時期發展到鼎
盛，傳說中的空中花園是國王
為討一位愛妃的歡心下令建造
的。

孔蘇迪蘇女祭司木棺蓋

□ 孔蘇迪蘇於十八王朝時生活在泰伯。從外形上看木棺屬於人形棺或者木乃伊形棺，
這種造型實際上是為了模仿棺內遺體的姿式：他們一般都平躺在棺內，兩手平放在身體
的兩側或者交叉放置於胸前。這類殯葬習俗始於前 1500 年，取代了以前採用的側卧埋葬
方式。

奧爾梅克巨像

□ 中美洲的奧爾梅克文化約興盛於前
800 年至前 600 年之間，由巨大岩石雕
刻而成的人像是奧爾梅克文明的代表。
這些巨大的石像重量從 8 噸到 50 噸不
等，石像上雕刻的符號至今仍無人能夠
破解。

位於埃及凱爾奈
阿蒙－瑞神廟中的
柱廳，約建於前
0 年至前 1250 年
後。大柱廳的每根
子上都雕刻有精美
文字和圖案，以前
能還塗有五彩的顏
飾。

阿蒙－瑞神廟列柱大廳

船上的狄奧尼索斯

□ 這是古希臘時期出土的
淺酒杯上的圖案，傳說是由
古希臘時期著名的畫師艾克
斯基亞斯繪製，其表現手法
已經趨向寫實風格。

戰國 彩繪陶壺

□ 出土於北京昌平戰國墓中。戰國時期開始用陶製器皿作為陵墓隨葬品，隨葬的彩陶大多經過磨光、暗花、彩繪等手法處理，極具藝術性。

戰國 長沙楚墓帛畫

□ 出土於湖南省長沙陳家大山楚墓，畫中一高髻的婦女側身而立，雙手前拱，細腰，體態優美。婦女的上方畫一隻展翅飛舞的鳳和一條蜿蜒升騰的龍。作品的主題表現龍鳳引導墓主人靈魂不朽。

□ 箱蓋的中心有一篆文"斗"字，圍繞"斗"字，是一圈二十八宿的古代名稱，兩端分別繪青龍、白虎。箱的四壁也繪有白虎圖案，並間以變形鳳鳥紋。是研究中國古代天文的一件珍貴文物。

戰國 曾侯乙墓漆畫衣箱

□ 出土於湖南長沙蓉園 856 號墓，主題紋飾為三組變形龍紋，龍身盤曲如枝墓，龍與龍之間相交接處飾有連菱形圖案。紋飾繁縟，構思巧妙。

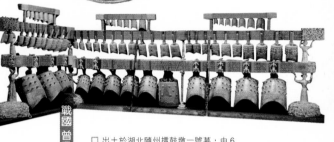

戰國 曾侯乙墓銅編鐘

□ 出土於湖北隨州擂鼓墩一號墓，由 6 個佩劍武士形銅柱和 8 根圓柱承托，構成上、中、下三層，各式鐘分三層懸掛在銅木結構的鐘架上，編鐘音域寬廣，音色優美。

- 前 496 年 吳王闔閭攻打越國。
- 前 494 年 吳王夫差再次攻打越國，戰勝了越國。
- 前 486 年 吳王夫差開邗溝，溝通長江、淮河，是中國最古的運河。
- 前 484 年 伍子胥自盡。

- 前 473 年 勾踐滅吳，夫差自盡。
- 前 458 年 知氏、韓氏、趙氏、魏氏兼併范氏和中行氏。
- 前 453 年 趙、韓、魏分晉。

- 前 433 年 曾侯乙卒，曾侯乙墓建成。

- 前 416 年 魏文侯出兵平晉亂。
- 前 406 年 魏文侯任用李悝改革。
- 前 403 年 韓、趙、魏封侯，三晉伐齊。
- 前 403 年 魏文侯任命西門豹為鄴地的縣令，治理鄴縣。

- 前 391 年 田和完全控制了齊國。
- 前 386 年 齊國田和立為齊侯，成為一員。
- 前 383 年 趙國大舉進攻衛國，魏、敗了趙軍。

戰國 前 475 年（東周）

前 500	前 475	前 450	前 425	前 400

- 前 500 年 古希臘數學家畢達哥拉斯逝世。
- 前 500 年左右 閃米特裔的民族從阿拉伯南部移居到埃利特里亞和埃塞俄比亞。
- 前 490 年 波斯與希臘城邦在馬拉松的戰事以希臘人獲勝而告終。
- 前 486 年 釋迦牟尼在拘尸那迦城的娑羅林涅槃。
- 前 480 年 在溫泉關海戰中，波斯艦隊全軍覆沒。

- 前 469 年 古希臘哲學家蘇格拉底誕生。
- 前 460 年 雅典進入伯里克利獨裁的黃金時期。
- 前 456 年 古希臘戲劇家埃斯庫羅斯創作的《俄瑞斯忒亞》完成。

- 前 450 年 古羅馬公佈十二銅表法。
- 前 447 年 帕台農廟等衛城上建築的修建活動開始。
- 前 431 年 希臘各城邦之間爆發伯羅奔尼撒戰爭。

- 前 419 年 通過國王脾力二世一系列的改革政策，馬其頓王國興起。
- 前 409 年 柏拉圖拜蘇格拉底為師。

- 前 400 年 意大利淪為羅馬的殖民地。
- 前 400 年左右 玻利維亞的的喀喀湖納庫（Tiwanaku）開始有農耕家族定。
- 前 399 年 斯巴達、波斯與希臘之間入混亂狀態。
- 前 390 年 高盧人洗劫羅馬。
- 前 386 年 佛教徒徒第二次集結後將佛裂為上座部與大眾部兩大派。

共和時期廣場

□ 前 509 年，古羅馬共和之後，其建築也反映了政體的特點。開放性的城市廣場既是各種權利機關密集之地，也是公民聚集和自由辯論之地。

普洛尼斯特命運神廟

□ 共和早期的神廟建築還帶有濃重的古希臘遺風，但原始混凝土與拱券技術等新材料與新技術的加入，使得神廟呈現出新的混合型面貌。

傑馬亞頭像

□ 非洲西部的諾克文明在前 5 世紀時開始形成並發展起來，此時的人物陶像主要以當地黑人形象為原形，屬於比較寫實的風格。

雅典衛城

□ 雅典衛城悠久，但在前因波斯人的進為灰燼。在古著名的統領伯的帶領下，衛興建帕台農神系列的偉大建築

戰國雙鳳漆鼓
□ 出土於湖北江陵，是中國現存戰國時代的一件打擊樂器，演奏音樂而用。這架鼓的特殊之處在於架子，它由兩隻站立的鳳構成，鳳首高昂，鳳頸曲長，鳳尾相連正托着上面的鼓。鼓的上邊又分別與鳳首後部連接起來，設計極巧妙。

戰國玉雙犀璜
□ 此器紋飾複雜，佈局錯落有致，有着春秋晚期的風格，但又刻劃極深，使紋飾浮雕，凸於器表，再加上邊緣銳利的鋒棱，又兼具戰國玉器鋒芒畢露、棱角銳利的風格。

秦 兵士陶俑
□ 秦始皇陵兵馬俑無論是人物還是戰馬都異常精巧，他們的形體又非常巨大。反映了秦代製陶工藝的高超水平。本圖是一尊身穿鎧甲的士兵跪蹲俑。

戰國 灰陶刻紋獸耳壺
□ 戰國陶器在器形上有很大的演變，上面的裝飾紋樣也更多。這尊戰國時的灰陶刻紋獸耳壺上帶有明顯的突出的獸耳，表面有較淺的近似如意雲頭的紋樣。

戰國 中山王陵園
□ 中山王陵是中國戰國時期高台建築的重要代表。陵園的建築下面使用了高大的土台。台上中部並列三座體量較大的建築，當是享堂。其兩側各有一座稍小的享堂。這五座享堂是陵墓的主體。四面高牆環繞。整體規劃秩序井然，氣勢也很龐大。

年 魏國開鑿鴻溝（即運河），溝通了黃田（今河南中牟西）。
年 魏國修築長城。

- 前 350 年 商鞅在秦國實行第二次變法。
- 前 342 年 齊魏馬陵激戰，魏軍慘敗。
- 前 334 年 齊魏徐州相王。
- 前 333 年 楚齊徐州之戰，趙築長城。

- 前 323 年 "五國相王" 聯合抗秦。
- 前 318 年 魏、趙、韓、楚、燕五國合縱攻秦。
- 前 312 年 張儀破齊楚之盟。
- 前 307 年 趙武靈王命令所屬軍隊實行胡服騎射。

- 前 300 年 趙國修築北長城。
- 約前299年 屈原寫下了千古流傳的楚辭《離騷》。
- 前 288 年 秦、齊稱帝。
- 前 283 年 趙國的藺相如 "完璧歸趙"。

- 前 260 年 趙王派趙括接替廉頗領軍出戰，全軍覆沒。
- 前 255 年 秦滅西周。
- 前 251 年 李冰在蜀郡興修水利。

前 350	前 325	前 300	前 275
	▶ 前 324 年 孔雀王朝	▶ 前 304 年 托勒密王朝	▶ 前 279 年 迦拉太王國

- 前 338 年 馬其頓國王擊敗希臘城邦的對抗。
- 前 336 年 亞里士多德在雅典創建學校。
- 前 336 年 馬其頓王腓力二世遇刺身亡，其子亞歷山大即位。在隨後的幾年裏，亞歷山大帝先後征服了土耳其、敘利亞、黎巴嫩、埃及等地，摧毀了波斯王朝。
- 前 327 年 亞歷山大入侵印度西北部。

- 前 324 年 印度建立了統一王朝——孔雀王朝。
- 前 323 年 亞歷山大病死在巴比倫。
- 前 312 年 羅馬人開始在境內修建公共道路與輸水管道。
- 前 304 年左右 庫施王國從蘇丹的麥羅埃打開了新的貿易通路。
- 前 304 年 希臘人在埃及建立托勒密王朝。

- 前 300 年 秘魯南部的帕拉卡斯（Paracas）文明生產出精美的刺繡織物。
- 前 300 年左右 秘魯北岸出現了莫奇卡（Mochica）文化。
- 前 290 年 位於法羅斯的亞歷山大燈塔建成。

- 前 264 年 古羅馬人與迦太基人之間的第一次布匿戰爭接近尾聲，羅馬獲得西西里地區。
- 前 255 年 日本正值彌生文化時期，人們開始種植水稻。

帕台農神廟
□ 帕台農神廟修建於前 447 至前 432 年，是衛城和整個希臘文明的代表。衛城是獻給雅典的保護女神雅典娜的神廟，是當時最富麗堂皇的建築。

雅典娜雕像
□ 這是後人根據史料復原的帕台農神廟中的雅典娜神像，傳說中的神像高達 12 米，以黃金、象牙和各種最珍貴的寶石裝飾。雅典娜不僅是戰神，是和平的象徵，同時還是醫學和藝術的保護神。

依瑞克提翁神廟
□ 修建於前 421 至前 405 年的依瑞克提翁神廟，以南面的六根女像柱而聞名。這座神廟是為紀念波塞冬與雅典娜為爭奪雅典保護權的戰爭而建，歷史遺物頗多。

擲鐵餅者
□ 希臘著名雕塑家米隆創作的擲鐵餅者是被後世仿製最多的作品，原作已經遺失。米隆以雕刻各種運動狀態的人物雕像著稱，這得益於古希臘時期解剖學及立體結構學的進步。

■ 執軍棒的武士坐像
（約前 300－前 200 年）
伊斯特蘭德爾里奧風格的彩繪燒陶武士，戴動物皮毛的頭飾，着披風，鼻鑲飾物。

□ 秦代瓦當以圓形或半圓形為邊框，於邊框中間雕飾各種紋樣，有鹿、鳥、蟲等動物，還有吉祥語等篆字。而最主要的紋樣是雲紋。瓦當形體巨大，具體裝在甚麼部位，目前尚無結論。

秦 瓦 當

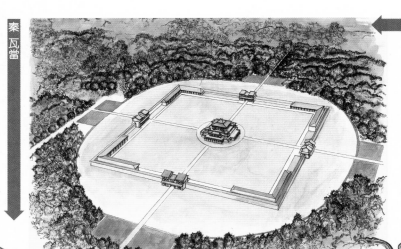

漢代明堂

□ 明堂是中國古代重要的禮制建築，它是皇帝宣明政教的場所，又稱為"辟雍"，也就是天子建立的學堂，供天子講學之用。本圖是根據遺址復原的明堂想像圖，圖的中央是明堂的主體，建築體量巨大。其外圍是一圈圍牆⋯⋯

□ 出土於湖北雲夢。漆盒中的雲氣紋是典型的秦代雲紋，雲朵飛捲，如雲又似捲草。雲紋早在夏商時代即有出現，到了秦代，雲紋逐漸成為工藝品上的主要紋樣之一。

秦 雲氣紋漆盒

西漢 螭龍紋銅鋪首

□ 鋪首是一種銜環的獸面紋。早期的鋪首大多用在器皿上，作為器皿的耳，便於手提，後期的鋪首主要是用在門扇上，用來叩門，也作為一種門上的裝飾。河北滿城出土的螭龍紋銅鋪首，是一件非常珍貴的漢代鋪首實物，整個鋪首紋由盤繞的螭龍構成。

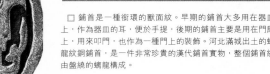

● 前 246 年 秦國興建鄭國渠。
● 前 230 年 秦派內史騰攻打韓國，韓國滅亡。
● 前 221 年 秦始皇統一全國。

● 前 221 年 秦王嬴政自稱秦始皇，又統一度量衡、統一文字等。
● 前 220 年 秦始皇在全國範圍內統一了貨幣。
● 前 214 年 秦始皇命人修建萬里長城。
● 前 210 年 秦始皇卒。

● 前 200 年 漢高祖率大軍白登山解圍。
● 前 195 年 劉邦卒，葬於長陵。
● 前 193 年 漢相國蕭何去世，曹參繼任相國一職，史稱"蕭規曹隨"。

● 前 157 年 漢文帝卒，漢景帝劉啟即位。
● 前 154 年 西漢同姓王七國叛亂。

● 前 150 年 景帝廢太子劉榮為臨江王，王劉徹為太子。
● 前 141 年 漢景帝卒，漢武帝即位。
● 西漢建元元年
　前 140 年 漢武帝始建年號，稱漢武帝⋯
● 西漢建元三年
　前 138 年 張騫出使西域。

秦 前 221 年　**漢 前 206 年 西漢**

| 前 250 | 前 225 | 前 200 | 前 175 | 前 150 |

前 247 年 帕提亞（安息）王國

● 前 250 年 古印度孔雀王朝阿育王統治時期，佛教得到大力扶持。
● 前 250 年 佛教僧人在阿育王的首都華氏城舉行大集會。
● 前 247 年 波斯的帕爾尼部族打敗塞琉西王國軍隊，建立帕提亞王國（Parthia），中國史稱安息王國。

● 前 218 年 漢尼拔將軍率領的迦太基軍隊與羅馬人爆發第二次布匿戰爭。
● 前 212 年 羅馬軍隊攻佔了西西里島的城市卡普阿，其間數學家阿基米德被殺害。
● 前 204 年 將荷馬史詩《奧德賽》翻譯為拉丁文的羅馬詩人安德羅尼庫斯逝世。
● 前 202 年 漢尼拔率領的迦太基軍被羅馬軍隊打敗。

● 約前 200 年 斯里蘭卡國王信奉佛教並大興佛寺。
● 前 200 年左右 中美洲開始進入瑪雅初期古典時代。
● 前 200 年左右 秘魯南部開始出現納斯卡（Nazca）文化。
● 前 185 年 印度孔雀王朝滅亡。

● 前 170 年 印度因受大夏人與帕提亞（安息）人的攻擊，文化中開始出現希臘風格。
● 前 168 年 羅馬軍隊滅亡了馬其頓，統治希臘。

● 前 146 年 第三次布匿戰爭後，迦太⋯徹底消滅。
● 前 138 年 第一次西西里奴隸起義爆發⋯

阿育王石柱

□ 前 250 年，古印度統一後的第一位皇帝阿育王聚集僧侶編制佛教經典，並同時下令將佛經與詔書雕刻在這種帶有獅子形象的石柱上，以公示天下，因為獅子在佛教中是帝王的象徵。

□ 日本在前 9000 年進入繩紋時代，一直持續到前 3 世紀。在繩紋後期，人們已經掌握了用繩紋的小棒在陶器上軋製花紋的技術，陶器的種類、質量和藝術水平都有很大提高。

勝板深缽

阿耳忒彌斯

□ 阿耳忒彌斯是起源於圖騰形象的神化人物，在古希臘和古羅馬的神廟中都被供奉着，她半人半神的形象具有豐產、和平、馴服等多重含義。

長信宮燈

□ ...土於河北省滿城縣漢代...王劉勝的妻子竇綰墓，...的祖母竇太后所居長信...名。燈為宮女形象，身...流行的衣飾，呈跪坐執...燈罩可開合，燈盤可轉...且帶有導煙管，結構巧...

西漢 四神紋畫像磚

□ 四神紋中的四神又稱"四神獸"或"四靈"，在漢代被視為與求福避邪有關的神靈。四神紋就是指由這四種動物紋所組成的一組紋樣。四神紋在漢代應用極廣，主要作為銅鏡、瓦當、漆器以及雕刻等工藝品上的裝飾。

西漢 潔清白鏡

□ 收藏於揚州市博物館，鏡內區為內向八連弧紋，外區有銘文二十一字 "潔清白事君，志污之合明，光玄錫而流澤，日望美不已"，在每兩字之間有符號裝飾。紋飾簡潔大方，給人以樸素典雅之美。

西漢 霍去病墓馬踏匈奴石雕

□ 現存陝西興平霍去病墓前，勁健的駿馬昂首屹立，有一種凜然不可犯的氣勢；手執弓箭的武士被戰敗而仰臥在馬下，作品樸實明快，生動傳神。

	前100	前75	前50	前25

前 27 年 羅馬帝國

...行四年...年 衛青、霍去病出擊匈奴。...年 張騫開闢絲綢之路。...六年...年 在番禺（今廣州）設置南海等六郡。

● 西漢天漢元年
　前 100 年 蘇武受命出使匈奴。
● 西漢天漢二年
　前 99 年 司馬遷開始創作巨著《史記》。
● 西漢征和四年
　前 89 年 漢武帝下《輪台罪己詔》。
● 西漢後元二年
　前 87 年 武帝卒，漢昭帝即位。

● 西漢元平元年
　前 74 年 昭帝卒，漢宣帝即位。
● 西漢神爵二年
　前 60 年 漢朝在西域設置都護府。

● 西漢黃龍元年
　前 49 年 宣帝卒，漢元帝即位。
● 西漢竟寧元年
　前 33 年 王昭君出塞和親。
● 西漢建始四年
　前 29 年 漢成帝罷中書宦官，初置尚書。
● 西漢河平三年
　前 26 年 漢成帝命劉向校經傳、諸子、詩賦。

● 西漢陽朔三年
　前 22 年 穎川鐵官徒申屠聖起義，稱將軍，攻掠九郡。
● 西漢綏和二年
　前 7 年 孔光、何武上限田之議。
● 西漢元壽二年
　前 1 年 哀帝卒，漢平帝即位，王莽執掌大權。

...千 高盧南部被羅馬征服，成為羅馬屬州。...年 羅馬將軍馬略創立新的軍事形式。...年 北非的努米底亞成為羅馬行省。

● 前 100 年 佛教傳入希臘屬地巴克特里亞地區。
● 前 100 年左右 通過絲綢之路，羅馬與中國之間開始了貿易往來。
● 前 91 年 羅馬爆發行省居民為爭奪公民權的同盟者戰爭。
● 前 90 年 北美洲的霍霍坎人（Hohokam）建築圓形球場，這些球場是宗教建築的一部分遺是娛樂設施至今仍未破解。
● 前 82 年 原執政官蘇拉佔領羅馬。

● 前 71 年 轟轟烈烈的斯巴達起義被鎮壓。
● 前 65 年 羅馬將軍龐培率兵東侵安息。
● 前 63 年 羅馬軍隊破壞耶路撒冷。
● 前 60 年 羅馬進入由凱撒、蘇拉和龐培三大統領執政的前三雄時期。
● 前 53 年 羅馬軍隊在美索不達米亞慘敗於帕提亞人之手。
● 前 51 年 著名的埃及艷后克里奧巴特拉繼承埃及王位。

● 前 45 年 凱撒掌握了羅馬世界的統治權。
● 前 43 年 凱撒被刺殺一年後，屋大維、李必達與安東尼開創羅馬後三雄時代。
● 前 31 年 在亞克興的海戰失利後，埃及艷后克里奧巴特拉拉自殺，埃及淪為羅馬行省。
● 前 29 年 屋大維排除異己，創立新的集權官僚制。
● 前 27 年 屋大維自稱奧古斯都，羅馬進入帝國時期。

● 前 5 年 耶穌在伯利恆誕生。
● 前 2 年 大月氏使臣向漢人傳授佛法。

摩耶夫人之夢

□ ...幅雕刻為前 2 世紀修建的巴爾堵坡圍欄上的浮雕，描繪了如化身白象從釋迦牟尼之母馬圖人脅部入胎的情景。

□ ...於約旦首都安曼附近的佩特拉...由前 600 以前遷居而來的奈...創建。前 106 年佩特拉被羅馬...大加興建，因此現今遺存的建...羅馬風格。

阿爾達希爾浮雕

□ 由於帝國疆域的擴展和絲綢之路的開闢，波斯帝國後期的薩珊王朝的工藝品中呈現出希臘，中國，兩河流域等多個地區的風格特色。

■ 狗形房頂（約前 200－300 年）

或許是因為屋頂讓人聯想起保護，正如狗給人的感覺一樣，科利馬藝術家在這個構圖裏混合了兩種形象。在一些文化群體裏，有著狗的靈魂護衛著人的靈魂穿行冥界，幫助薩滿在死後護衛死者靈魂的傳說。

■ 保存死者內臟的容器（前 50－50年）

古埃及人製作木乃伊的技術達到了極高的水平，能夠保證遺體長久不腐。製作一具木乃伊至少需要七十天的時間。首先將死者的腦髓以及除心臟之外的全部內臟取出，清洗、敷塗香料之後被放到專用的容器內，隨木乃伊一起安置到基室中。最初這些存放內臟的容器的蓋子上會塑出死者的面孔，從第十九王朝開始，保佑死者身體部位的四位神靈造型分別出現在不同的容器上，他們是：保護肝的人首神阿姆賽特，保護肺的狒狒頭神哈比，保護胃的狼首神多姆特弗和保護腸的鷹首神克伯賽奴夫。

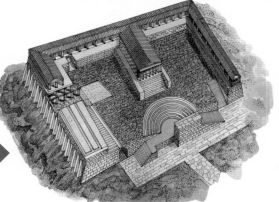

赫丘利神廟

□ 前 80 年修建於蒂沃利的赫丘利神廟中，既有供祭祀用的羅馬式神廟建築，也有供市民使用的希臘式劇場建築，顯示出古羅馬建築注重實用性的特點。

□ 四神紋是指由青龍、白虎、朱雀、玄武四種動物神像組成的紋飾。漢代把四神看作與避邪祈福有關。在漢代四神紋廣泛地應用在銅鏡、漆器、石刻、陶磚瓦等各種工藝品的裝飾上。尤其是在王莽當政時期，四神紋在漢代瓦當中極為流行。

漢　四神紋瓦當

東漢　廣陵王墓錯銀銅牛燈 →

□ 出土於江蘇邗江甘泉東漢墓。牛體腔中空，可儲清水，便於通過煙管導煙溶於水，以減少污染，還有活動燈罩，可調節光照方向和亮度，是一件製工精緻外觀華美的東漢工藝精品。

□ 漢代的雲氣紋運用極為廣盛行。這件出土於湖南長沙的紋漆鼎，鼎的表面滿繪雲氣紋水一般流暢，真好似在天空中的雲。漢代雲氣紋的表現，大秦代雲氣紋的繼承，從這件雲上也能看得出來，與秦代雲氣器物上的紋樣非常相近。

東漢　山東　嘉祥宋山畫像石

□ 山東嘉祥宋山畫像石，在第二欄刻出一幅歷史故事畫，描繪了年長的周公輔佐年幼的周成王的事蹟，成王位於畫面中心位置，兩側是躬身致敬的大臣。

● 西漢居攝二年 7 年 衛青、霍去病出擊匈奴。 ● 西漢初始元年 8 年 王莽稱帝。 ● 西漢王莽新政天鳳四年 17 年 綠林軍起義。 ● 西漢天鳳五年 18 年 赤眉軍起義。	● 東漢建武元年 25 年 劉秀稱帝，為漢光武帝。建立東漢政權。 ● 東漢建武六年 30 年 恢復西漢田租三十稅一制。 ● 東漢建武十五年 39 年 詔令州郡度田。 ● 東漢建武二十四年 48 年 南匈奴呼韓邪單于向東漢稱臣。	● 東漢建武三十年 54 年 史學家班固著中國第一部紀傳體斷代史《漢書》。 ● 東漢永平七年 64 年 漢明帝劉莊派大臣赴天竺求佛。 ● 東漢永平八年 65 年 佛教傳入中國見於文獻記載。 ● 東漢永平十六年 73 年 班超出使西域。	● 東漢章和二年 88 年 漢和帝即位，竇太后臨朝。 ● 東漢永元元年 89 年 竇憲大破北匈奴於稽落山。 ● 東漢永元九年 97 年 西域都護班超遣派甘英出使大秦、條支。

● 東漢永元十二年
100 年 許慎寫成中國第一部按部首編《說文解字》的初稿。
● 東漢永元十七年
105 年 蔡倫改進造紙術，製成了"蔡侯
● 東漢永初元年
107 年 羌人大規模起義。

25 年 東漢

1	25	50	75	100

▶ **50 年 貴霜帝國**

● 6 年 潘諾尼亞大起義。 ● 9 年 日耳曼人起義。 ● 14 年 屋大維去世。	● 29 年 耶穌被釘死在十字架上。 ● 40 年 瑪利塔尼亞（今摩洛哥和阿爾及利亞西北部）被羅馬征服。 ● 43 年 不列顛島被羅馬人佔領。	● 50 年 統治中亞及印度北部的貴霜王朝(Kushan)建立。 ● 50 年左右 秘魯的納斯卡人在沙漠上繪製了謎一般的巨大圖案。 ● 54 年 羅馬歷史上的第一位暴君尼祿繼位。 ● 61 年 羅馬軍隊開始溯尼羅河而上，在蘇丹探險。 ● 64 年 羅馬城發生大火，大部分城市建築被摧毀。 ● 69 年 古羅馬大競技場在原尼祿宮殿的人工湖基址上興建。 ● 70 年 猶太起義失敗，羅馬軍隊在耶路撒冷進行屠殺。	● 79 年 維蘇威火山爆發摧毀了龐培城。 ● 98 年 古羅馬第一位來自行省的皇帝圖雷真繼位。他開創出了羅馬最為輝煌的時期。

● 100 年 非洲東海岸的埃塞俄比亞地上貿易逐漸興盛。
● 100 年左右 在秘魯北部的西哈恩，古化開始繁榮。
● 100 年左右 美洲玻利維亞的喀祭湖附庫城正在發展，蒂瓦納庫人用芒葦製作上往來。
● 113 年 圖雷真廣場的柱廊、浴場和基本完工。
● 121 年 哈得利亞努斯王開始在英國建

奧朗日劇場

□ 前 25 年至 15 年，在今天法國奧朗日地區修建的古羅馬劇場，被認為是現今保存最為完好的劇場建築。這座劇場高大的背景牆上的奧古斯都雕像，巧妙的空中通道，都使它成為古羅馬劇場的代表。

納扎克陶罐

□ 發源於南美洲安第斯高原的古印加文明，在公元 1 世紀時進入納斯卡文明時期，此時不僅出現了神秘的納斯卡巨畫，還出現了富於裝飾性的陶罐藝術品。

奧古斯都廣場

□ 前 42 年開始修建的奧古斯都廣場，顯示出古羅馬帝國時期的特點。廣場被高大的石牆包圍，內部的神廟和雕像也都是為歌頌奧古斯都而建，大理石和黃金更使其顯得華貴和高貴。

□ 窣堵坡即佛塔的梵語音譯，是埋葬佛舍利（高僧遺骨）的墓塔。3 世紀修建的桑奇窣堵坡是古印度留存規模最大也最完整的佛塔，塔前的圍欄與塔門則修建於 1 世紀。

桑奇塔

圖雷真廣場

□ 古羅馬帝國時期一的廣場建築，從圖雷期間就開始興建，古年才基本建成，是古最大的廣場建築群，築由來自敘利亞的東

□ ■ ● 中國	□ ■ ● 歐洲	□ ■ ● 非洲	□ ■ ● 亞洲	□ ■ ● 美洲	□ ■ ● 大洋洲

河北安亞東漢壁畫墓墓主坐帳像

□ 畫面中墓主人正面坐於帳中，朱衣黑帽，面相端莊，顯示出東漢人物畫像的藝術水平。此畫開創了魏晉南北朝時墓室壁畫墓主坐帳畫像的先例。

漢 陶質樓閣 ➤

□ 陶質樓閣是漢代陵墓出土的陶質明器之一，大多表現的是漢代時期同類建築的形象，主要建築類型有望樓和水榭，從一定程度上反映了漢代的建築形象，並為後人研究漢代建築提供了重要的實物資料。

人物瑞獸章紋鏡 ⬆

□ 三國時期的文物，出土於陝西西安。鏡面刻有人物紋、瑞獸紋和印章，以及銘文，紋路清晰細緻，是出土古鏡中的上品。

●漢元年	●東漢延熹二年 159年 梁氏被誅。朝廷大權盡歸宦官。	●東漢熹平四年 175年 靈帝下令將儒家經典寫在石碑上，這是中國歷史上第一次將儒家經典刻在石碑上。	●東漢建安五年 200年 官渡之戰，孫權據有江東。	●三國蜀漢建興三年 225年 諸葛亮平定南中叛亂。
張衡研製地動儀成功，這是世界上第一 ...儀器。	●東漢延熹八年 165年 初次下令郡國有田者，按畝收稅，每畝十錢。	●東漢中平元年 184年 張角發動"黃巾軍"起義。	●東漢建安十三年 208年 孫權、劉備聯軍破曹軍於赤壁，史稱"赤壁之戰"。	●三國吳黃龍元年 229年 孫權稱帝，國號吳。
三年 張衡準確記錄了隴西地震。	●東漢永康元年 167年 第一次黨錮之禍。	●東漢昭寧元年 189年 董卓廢少帝而立陳留王為帝，即漢獻帝。	●三國魏黃初元年 220年 曹丕稱帝，國號魏。	●三國魏嘉平元年 249年 司馬懿發動高平陵政變。
...炳繼位，為漢沖帝，年號永，皇太后梁...制。	●東漢建寧二年 169年 士人與宦官鬥爭至白熱化，宦官大興黨獄。	●東漢初平元年 190年 董卓挾獻帝遷都長安。	●三國蜀漢章武元年 221年 劉備稱帝，國號漢。	

三國 220年 魏
221年 蜀
222年 吳

```
                    150              175              200              225
```
226年 薩珊王朝 ➤

酋太人再一次掀起反抗羅馬統治的起義。猶太人反抗羅馬起義的失敗導致耶路撒...殺。	●150年 羅馬的經濟、政治都陷入危機之中，奴隸起義和外族入侵頻繁。	●180年 美洲印第安人建造了太陽金字塔。 ●180年 日本群島散落的部落開始走向統一。 ●185年 基督教登上非洲大陸並開始傳播。 ●190年 美洲蒂亞蒂瓦納庫(Tiwanaku)文明開始萌芽。 ●193年 羅馬第二位暴君康茂德被刺殺，非洲將領養維魯即位。 ●195年 帕提亞人（安息人）佔領印度北部，並開始擴充實力。	●200年左右 為了鞏固羅馬在北非的領地，賽維魯皇帝修建了要塞和長長的護城河。 ●210年 貴霜帝國分裂為若干小國。 ●211年 卡拉卡拉皇帝加冕。 ●212年 卡拉卡拉敕令頒佈，授予各個行省自由民以羅馬公民權。 ●216年 羅馬城中兩大浴場之一的卡拉卡拉浴場首先完工。	●226年 古代波斯最後一個王朝——薩珊王朝建立。 ●235年 羅馬帝國開始內戰。 ●238年 北非發生了反對羅馬統治的叛亂，揭開了北非長達半個世紀的混亂歷史。 ●240年 瑪雅文明的龐大城市在中美洲叢林中出現，瑪雅文明開始走向全盛時期。 ●245年 法蘭克人渡過萊茵河，開始入侵高盧地區。

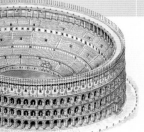

萬神廟 ➤

□ 修建於118年至125年，是哈德良皇帝主持下修建的集中式神廟。萬神廟大穹頂由鑲純金的銅花裝飾，門廊由來自於埃及地區的整塊花崗岩雕刻而成，以奢華、富麗而著稱。在帝國後期，萬神廟被改造為基督教堂。

■ **銼牙齒的女人坐像（約150－250年）**
墨西哥海灣沿岸的某些文化群體流行着銼齒的習俗。而這件坐像所塑造的，則可能是一位女薩滿。

□ 大競技場也稱為大角鬥場。這個巨大的橢圓形場地是古羅馬人觀看人、獸搏鬥的娛樂場所，可同時容納7萬名觀眾，是古代社會最著名的建築之一。

大競技場

□ 所以形成了對稱的...市場、烏爾比亞巴紀念柱群落和最後...院落組成。整個建...為半圓形。

哈德良行宮

□ 哈德良執政末期，開始在蒂沃利地區修建一片龐大的建築群作為卸任之後的居住之所，即哈德良行宮。包括行宮與陵墓兩大部分，其中尤以行宮部分最為著名。這座行宮除了宮殿、多座劇場、圖書館、浴場等各種服務性建築以外，還仿建了各地的特色建築形式，如金字塔、神廟等。圍繞巨大方形水池的兩側，甚至還矗立有仿製希臘衛城的女像柱雕像。

卡累爾神廟

□ 位於法國尼姆地區，修建於130年左右，顯示出古羅馬與古希臘神廟的雙重建築特點。神廟四周保留了古希臘式的環繞柱廊，但此時已經採用磚石面牆的樑架建築形式，因此神廟主體部分由牆面承重。牆面上的壁柱只是一種裝飾，已經不具任何承重作用。

吳 朱然墓季札掛劍圖漆盤

□ 該盤中心繪春秋時代吳國季札掛劍於徐君冢樹的故事，外圍繪童子戲魚、狩獵等圖案。是三國時期繪畫和漆器工藝高度水準的代表之作。

■ 吳 天發神讖碑拓本

《天發神讖碑》又稱《天璽紀功碑》、《吳孫皓紀功碑》、《天璽碑》、《三斷碑》等，是東吳的一塊紀功碑，以方筆寫篆字，開篆書用筆新境界，格調古拙。

前秦 敦煌莫高窟交腳彌勒菩薩

□ 莫高窟創建於前秦建元二年（366年），後歷經南北朝時的北魏、東魏、西魏、北周，及隋、唐、五代、宋、西夏、元等眾多朝代的不斷開鑿擴建，前後鑿建時間長達 1000 多年，終於形成了享譽世界的龐大石窟群。

東晉 蘭亭序

□ 《蘭亭序》是王羲之於東晉永和九年（353 年）三月三日在和一些文人舉行的"修褉"宴會上，為他們詩寫的序文手稿。全文共 28 行，324 字，文章清新優美，書法遒勁飄逸。後人評道"右軍字體，古法一變。其雄秀之氣，出於天然，故古今以為師法"，譽之為"天下第一行書"。

東晉 女史箴圖卷

□ 這件相傳為東晉顧愷之的作品，原畫已殘缺，其內容主要是講解婦女應守的行為規範。

● 三國魏景元四年
263 年 曹魏滅蜀吳。
● 西晉泰始元年
265 年 司馬炎即位，是為西晉武帝。建都洛陽。
● 三國吳孫衡三年
271 年 吳帝孫皓舉兵攻晉，晉遣將屯壽春拒之，吳師中道退兵。

● 西晉太康元年
280 年 西晉滅吳，全國統一。
● 西晉太康三年
282 年 文學家、歷史學家皇甫謐去世。
● 西晉太熙元年
290 年 晉武帝卒，皇太子衷嗣位，是為惠帝。
● 西晉永平元年
291 年 八王之亂始。

● 西晉永嘉二年
308 年 漢王劉淵稱皇帝。
● 西晉建武元年
317 年 司馬睿於建康即位稱帝，東晉建立。
● 西晉大興二年
319 年 石勒稱王，以趙為國號，史稱後趙。
● 東晉永昌元年
322 年 晉元帝卒，太子司馬紹即位，是為晉明帝。

● 東晉咸和元年
326 年 石勒令王波定九流，始立秀、孝試經之制。
● 東晉咸和三年
328 年 東晉、前涼、成漢、前趙、後趙並存局面形成。
● 東晉咸和五年
330 年 石勒稱帝，改元建平。
● 東晉永和三年
347 年 桓溫率軍西進滅蜀。

● 東晉永和九年
353 年 殷浩北伐前秦。
● 東晉永和十二年
356 年 桓溫收復洛陽。
● 東晉升平元年
357 年 王猛為前秦尚書。
● 東晉太和五年
370 年 秦王苻堅遣兵滅燕。

晉 265 年 西晉   317 年 東晉

| 250 | 275 | 300 | 325 | 350 |

約 320 年 笈多王朝

● 250 年左右 危地馬拉、洪都拉斯、墨西哥東部地區進入古典期瑪雅文化時代。
● 263 年 西西里爆發奴隸起義。
● 271 年 奧勒利安皇帝開始在羅馬修建大城牆。

● 284 年 戴克里先皇帝創立了由四個皇帝共同統治羅馬帝國的體制。
● 295 年 戴克里先皇帝開始強化北非的統治體制。

● 300 年初，波里尼西亞文化興起。
● 300 年左右 南非的班圖人開始了農耕和畜牧。
● 300 年 一位印度哲人用詩的形式寫成了《愛的格言》一書。
● 306 年 君士坦丁繼承羅馬皇位。
● 313 年 君士坦丁大帝簽署"米蘭赦令"，從法律上給予基督教合法地位。
● 約 320 年 中世紀統一印度的第一封建王朝——笈多王朝建立。

● 325 年 君士坦丁大帝召開尼西亞宗教會議，開世俗權力干預教會事務的先河。
● 330 年 君士坦丁正式遷都君士坦丁堡（今土耳其伊斯坦布爾），並正式將其定為東羅馬帝國首都。至此，統一的古羅馬帝國分裂為東、西兩部分，這也預示着繁榮的古羅馬帝國時期一去不復返。

● 350 年左右 蘇丹的庫施王國的麥羅埃克蘇姆王國的攻擊下滅亡。
● 360 年 匈奴族首次進入歐洲。

■ 飾宣講場面的彩繪罐（約 300－900 年）

這隻罐子上的圖案是由灰泥壁畫技藝繪成的。一位雅的統治者或權貴坐在一座升高的平台上，與一位貴族婦女一起吸引着群眾的注意。瑪雅人推崇人造的扁平的頭部，並把這種行為看成是優雅和美麗的標誌。

戴克里先浴場

□ 戴克里先浴場是古羅馬城中規模較大的浴場建築之一，也是古羅馬人最樂意去的休閒場所。浴場建築內部以冷、溫、熱浴室為主，每個浴室的面積都非常大。除了浴室以外，古羅馬浴場通常還包括圖書館、運動場、商店等多種服務性空間。這裏除了洗澡以外，還是人們日常交友、談生意的好去處。

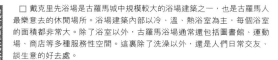

君士坦丁大帝凱旋門

□ 於 315 年由君士坦丁大帝主持修建，是古羅馬帝國最後的一件建築巨作。君士坦丁凱旋門修建時期，古羅馬帝國國力凋敝，因此建築材料都是由以往雄偉的建築中拆卸而來的。但也正因為這樣，這座凱旋門也成為純粹的古羅馬式建築，再沒有希臘建築的影子，並成為古羅馬最有代表性的著名建築之一。

■ 布商（4 世紀）

這件公元 4 世紀時歐洲的象牙盒裝飾雕刻表現了商人向顧客展示布料的情景。

□ ■ ● 中國 　 □ ■ ● 歐洲 　 □ ■ ● 非洲 　 □ ■ ● 亞洲 　 □ ■ ● 美洲 　 □ ■ ● 大洋洲

書箴言。此局部中
、衣紋描繪古樸清
媚之態，是人物畫
之作。

北燕 馮素弗墓玻璃鴨形器

□ 遼寧北票縣西官營子北燕馮素
弗墓出土。此器造型生動別致，在
早期玻璃器中十分罕見。

北魏 龍門蓮花洞藻井

□ 蓮花是佛教的象徵，很多佛像都是以飾蓮花瓣的
須彌座為寶座。而在一些石窟窟洞的頂部，也飾有蓮
花藻井。圖為龍門石窟蓮花洞洞頂的蓮花藻井圖案，
是一處設計精美、形象碩大的高浮雕蓮花藻井。

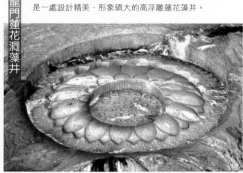

北魏 雲岡石窟第20窟大佛

□ 雲岡石窟第20窟是早期的
曇曜五窟之一，窟的前壁在洞
窟竣工後不久就倒塌了，因而
主佛成了"露天大佛"。佛像較
少風化，形體、面貌乃至衣紋
都較為清晰。其右肩袒露的服
裝穿着，是雲岡早期佛像的服
裝形式，同時，此佛像也最大
程度地體現了石窟早期雕塑的
藝術精神，是雲岡石窟的代表
作品。這尊大佛雖然不是雲岡
石窟的最大一尊，卻是最著名
的一尊。

北齊 青釉仰覆蓮花尊

□ 中國魏晉南北朝時
期，南北各地大肆盛行
佛教藝術。蓮花作為佛
家的象徵被廣泛地應用
在各種裝飾上。這件瓷
器出土於河北景縣封氏
墓群。器物通高66.5厘
米，口徑19.2厘米，
胎質細膩堅硬，釉層較
厚，呈水清色，光澤透
明，現藏於北京故宮博
物院。

元元年
前秦統一北方。

元七年
前秦命呂光西征。

元八年
淝水之戰，前秦大敗。

國元年
鮮卑族拓跋部在北方建立魏國。

● 南朝宋永初元年
420年 劉裕建立劉宋王朝。
● 南朝宋永初三年
422年 北魏明元帝建立太子監國制。

● 南朝宋嘉十六年
439年 北魏太武帝經過16年征戰，統一北方。
● 南朝宋元嘉二十一年
444年 北魏太武帝滅佛。
● 南朝宋元嘉二十七年
450年 宋文帝北伐失敗，魏軍兵臨瓜步。

● 南朝宋元嘉二十七年
450年 北魏爆發國史之獄。
● 南朝宋元嘉二十九年
452年 北魏太武帝在政變中被殺。
● 南朝宋元嘉三十年
453年 宋文帝在政變中被殺。
● 南朝宋泰始七年
471年 文明太后開始改革。

● 南朝齊建元元年
479年 蕭道成代宋，齊朝建立。
● 北魏太和九年
485年 北魏始實行均田制。
● 北魏太和十七年
493年 魏孝文帝遷都洛陽，開始推行漢化政策。

386年 北魏

南北朝 420年 宋（南朝）

479年 齊（南朝）

| 400 | 425 | 450 | 475 |

▶ 395年 東、西羅馬帝國 　▶ 419年 西哥德王國 　▶ 439年 汪達爾王國 　▶ 481年 法蘭克王國

旃陀羅笈多二世即位。在他的領導下，
朝迎來全盛期。

左右 蒂卡爾在瑪雅各大城市間的鬥爭中
迎來了其頂峰期。

羅馬帝國分裂。

西羅馬帝國皇帝狄奧多西正式將基督教
一國教，政府與教會對非基督教派及其
迫害也開始了。基督教一步步發展為最
教組織。

● 400年 基督教開始在北非的阿克蘇姆王國中傳播。
● 402年 拉文納成為西羅馬帝國的首都。
● 410年 西羅馬帝國在西哥德人的猛烈攻擊之下陷
落，東羅馬帝國依靠堅固的城牆防禦系統和堅實
的物資保障，一次次擊退了敵人的進攻。
● 419年 西哥德人在西羅馬帝國境內和西班牙建立
日耳曼國家——西哥德王國。

● 432年 基督教開始向愛爾蘭傳播。
● 439年 日耳曼人部落將汪達爾人攻陷迦太基城，
建立汪達爾王國。

● 476年 古羅馬最後一位皇帝穆盧斯被入侵
的外族廢黜。有着千年歷史的古羅馬退出了
歷史的舞台。
● 481年 日耳曼部落的法蘭克人在高盧北部興
起，建立法蘭克王國。
● 486年 法蘭克國王克洛維大敗羅馬軍隊於蘇
瓦松。此後，克洛維以蘇瓦松為首都，鞏固
了法蘭克王國的統治。

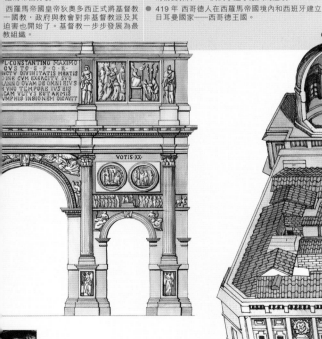

■ 表現祈雨的甕（約300－600年）
這件薩巴特文化的燒陶作品表現的是一位扮
演雨神的祭司。

聖瑪麗亞教堂

□ 這座聖瑪麗亞教堂擁有開闊的室內空間，不
僅是古羅馬四個大型巴西利卡式殿堂中的一座，
也是唯一一座採用三殿式結構的教堂建築。這些
大型教堂建築的相繼落成，也是基督教大發展的
表現之一。

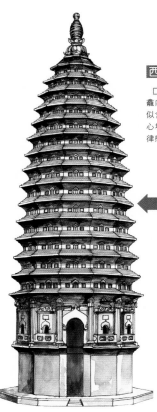

西魏 麥積山第 147 龕正壁龕內坐佛

□ 麥積山石窟造像以彩塑為主，本圖是第 147 龕內的坐佛，作說法相，面形和身軀修長。神情似含笑而無思念，表現了無所羈絆和寬廣慈祥的心境。身上的衣褶顯示出豐富的層次和非凡的韻律感。

北魏 嵩嶽寺塔

□ 位於河南省登封市，建於北魏孝明帝正光年間（520 － 524 年）。塔身上有十五層緊密的塔簷，被稱為密簷塔。它是已知中國現存最早的密簷式磚塔。塔的總高近 40 米，除基座與塔剎是石砌外，其餘全部為磚材料。平面呈十二邊形。這是中國目前所存唯一一座平面為十二邊形的塔。

北齊 義慈惠石柱

□ 位於河北定興縣，建立於北齊天統五年（569 年）。石柱分柱頂、柱身、柱基三部分。柱身八角形，所佔高度最大，是石柱的主體。頂部是一座石雕的小屋，面闊三開間，完全仿木構。柱基雕有蓮花瓣紋，非常漂亮。這座結構完整的石柱，是研究中國古代木結構的重要資料。

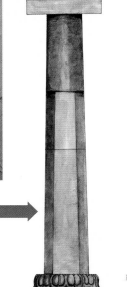

隋 趙州橋

□ 原名安濟橋，俗稱大石橋，建於隋大業年間（595 － 605 年），至今已有 140 多歷史，是今天世界上最古老的敞肩拱橋。橋是用石塊拼砌成彎曲的拱作為橋身，成平坦的橋面，以行車走人。而趙州橋的是"敞肩式"，即在大拱的兩肩上再砌小石拱橋結構中最先進的一種。

隋 南京棲霞寺

□ 始建於隋文帝仁年（601 年），是一座式的石塔，塔高 18 米的平面為八角形。塔體造型玲瓏精巧，雕美。底層是須彌座式基，上緣雕有巨大的纏，以承托上部的塔最底一層塔身最高，幾層相對低矮。各層出簷，並且用石雕出形象，有仿木構的特點

□ 南朝梁天監元年
502 年 蕭衍稱帝建梁，建元天監。
□ 北魏正光五年
524 年 北魏各族人民起義爆發。

□ 北朝東魏天平元年
534 年 北魏分裂為東、西魏。

□ 北朝北齊天保元年
550 年 高洋代東魏稱帝，建立北齊。
□ 南朝陳永定元年
557 年 陳霸先代梁稱帝，建立陳朝。
□ 南朝陳永定元年
557 年 宇文覺代魏稱帝，建立北周。
□ 北周建德三年
574 年 周武帝滅佛。

□ 北周建德六年
577 年 北周滅北齊，統一北方。
□ 隋開皇元年
581 年 楊堅廢周稱帝，建立隋朝，定都大興。
□ 隋開皇三年
583 年 隋敗突厥，突厥分裂為東、西兩部。
□ 隋開皇九年
589 年 隋滅陳，南北統一。

□ 隋仁壽四年
604 年 隋文帝卒，隋煬帝楊廣即位。
□ 隋大業元年
605 年 隋煬帝調民工百萬開鑿通濟渠
□ 隋大業八年
612 年 煬帝親征高麗。
□ 唐武德元年
618 年 李淵稱帝，建立唐朝，建元武德

| 535 年 西魏（北朝） | 550 年 | 557 年 北周（北朝） | 隋 581 年 |
| 534 年 東魏（北朝） | 北齊（北朝） | 陳（南朝） | |

502 年 梁（南朝）

500　　　　　525　　　　　550　　　　　575　　　　　600

□ 500 年左右 印度數學家首創了"零"的概念。
□ 500 年左右 中亞的遊牧民族入侵印度。
□ 500 年 波里尼西亞人進行航海活動。

□ 525 年 阿克蘇姆國王加列布征服阿拉伯半島的也門，在各地修建教堂。
□ 527 年 拜占庭皇帝查士丁尼一世即位。
□ 527 年 努西亞的聖本篤在羅馬南方的蒙特卡西諾修建修道院。
□ 534 年《羅馬法大全》編纂完成。
□ 537 年 君士坦丁堡開始修建聖索菲亞大教堂。
□ 538 年 佛教經中國傳入日本。

□ 550 年 蘇丹的努比亞人開始改宗基督教。
□ 552 年左右 蠶被修道士們從中國偷運出境，拜占庭帝國開始生產絹織物。

□ 595 年 印度的數學家使用十進制。

□ 600 年左右 愛爾蘭開始了文學與藝術的
□ 600 年之後 基督教內部兩派因意見不同而
□ 602 年左右 斯拉夫民族開始定居於巴
□ 606 年 戒日王開始在北印度的統治。
□ 610 年 穆罕默德開始在麥加傳教。

■ 通體漆黑的武士俑
（約 300 － 550 年）

這件墨西哥海灣沿岸的燒陶武士遍體塗抹着黑瀝青。據稱，塗抹於身體上的黑瀝青包含有能使勇士無所畏懼的成分。

■ 太陽門（500 年）

蒂瓦納庫藝術以大量的磚石建築和巨石建築為代表。在南部高原上，不時可以見到一個個巨石門，其中最大的一個叫"太陽門"，上面刻有很多半人半動物的形象。

□ 聖索菲亞大教堂（532 － 537 年）位於君士坦丁尼大帝親自主持建造。這座教堂在穹頂的結構上進行了改進，使大穹頂可以脫離牆面完全顯露出來，並在穹頂下開設有連續的開窗，使教堂內部格外明亮。教堂內部滿飾彩色大理石，玻璃馬賽克，金、銀箔和寶石。後經土耳其人的改造，大面積精美的馬賽克鑲嵌又都被伊斯蘭教壁畫取代，這也是一座奇特的雙教合一性建築。

聖索菲亞教堂

■ 立俑（約 550 － 900 年）

這座雕像屬於瑪雅文化諾皮洛阿－風格。諾皮洛阿陶器出產於南韋拉與坎佩切的哈伊納陶器處於同一時種風格陶器的陶土與繪畫非常相似。

■ 神獸吊墜（約
－1550 年）

這隻瑪雅文化的合了幾種動物的特有着獅虎般的頭長着鹿角。

□ ■ ● 中國　　□ ■ ● 歐洲　　□ ■ ● 非洲　　□ ■ ● 亞洲　　□ ■ ● 美洲　　□ ■ ● 大洋洲

□ 唐朝在最鼎盛的時候，其控制的區域深入中亞，匯集了眾多的外族人。這件駱駝形象的唐三彩作品，就是對中國當時沿着絲綢之路與中亞、近東和歐洲的廣泛的貿易聯繫的反映。

□ 龍門石窟位於中國河南省洛陽市，是中國著名石窟之一。龍門石窟的主窟奉先寺是一個大型雕像群龕，共有主尊與配像十一尊，雕刻精緻，是唐代石窟雕塑中的精品與代表。

唐 龍門石窟奉先寺

唐 閻立本步輦圖（宋摹本）

□ 閻立本以貞觀十五年（641年）吐蕃首領松贊干布與文成公主聯姻的歷史事件為題材，描繪唐太宗接見來迎娶文成公主的吐蕃使臣祿東贊的情景。圖繪李世民端坐在宮女抬着的"步輦"上，祿東贊和朝臣內侍恭立一旁。畫家以細勁的線條塑造人物的形象，具有肖像畫的特徵。線條流利純熟，富有表現力。全圖設色濃重、鮮艷而又沉着，是一件具有重要歷史價值和藝術價值的作品。

唐 慈恩寺大雁塔

□ 位於西安市和平門外 4 公里處的慈恩寺內。塔始建於唐代高宗永徽三年（652 年），初名慈恩寺塔，由唐僧玄奘創建，用來儲藏他由印度帶回的佛經。塔初建時為五層，毀於戰火。五代後唐長興年間重新修繕，改為七層，也就是今天所存現的形狀。塔體平面為方形，總高 64 米。大雁塔從外部造型來說，是座樓閣式塔，而從內部結構來說，則是空筒式塔，塔內有盤旋樓梯可達塔的頂層。

九年 李世民發動玄武門之變，即位為唐太宗。 十五年 文成公主入藏。 十九年 玄奘去天竺學佛取經，帶回佛經六百五十七部。 二十三年 唐太宗卒，高宗李治繼位。	● 唐永徽二年 651 年 高宗令長孫無忌等修撰《永徽律》。 ● 唐顯慶三年 658 年 唐遷安西都護府於龜茲。 ● 唐總章元年 668 年 李勣等攻滅高麗，置安東都護府。	● 唐調露元年 679 年 設安南都護府於交州。 ● 唐文明元年 684 年 武則天廢中宗為廬陵王，立李旦為皇帝。武則天臨朝稱制。 ● 唐天授元年 690 年 武則天稱帝，改國號為周。 ● 唐長壽元年 692 年 王孝傑大破吐蕃，收復安西四鎮。	● 唐神龍元年 705 年 武則天被迫傳位中宗，復唐國號。 ● 唐景雲元年 710 年 韋后毒殺中宗，李隆基與太平公主殺韋后，擁立睿宗。 ● 唐先天元年 712 年 睿宗傳位於三子李隆基，是為玄宗。 ● 唐開元元年 713 年 玄宗於驪山講武，起用姚崇為宰相，改元開元。	● 唐開元十九年 731 年 吐蕃遣使者求《毛詩》、《春秋》、《禮記》。 ● 唐開元二十六年 738 年 立李亨為太子，冊南詔皮羅閣為雲南王，賜名蒙歸義。 ● 唐天寶元年 742 年 安祿山為平盧節度使。

8 年

650	675	700	725

▶ 634 年 伊斯蘭帝國　　　　　　▶ 661 年 倭馬亞王朝

穆罕默德的繼承者，第二代哈里發奧服埃及。此後，阿拉伯人在北非擴大勢伊斯蘭教得到普及。

日本以中大兄皇子們為中心力量進行大

● 650 年左右 赫普維爾（Hopewell）文化固定於密西比河上游。
● 661 年 阿拉伯帝國的敘利亞總督穆阿維葉建立倭馬亞（Umayyad）王朝。

● 675 年左右 從俄羅斯來的遊牧民族保加爾人定居多瑙河南部。
● 698 年 阿拉伯人攻破位於北非的拜占庭帝國的據點加爾各答，建立了新都市突尼斯。

● 700 年左右 波里尼西亞人乘着木舟渡到了太平洋中部的島嶼上。

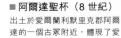

■ 阿爾達聖杯（8 世紀）
出土於愛爾蘭利默里克郡阿爾達的一個古家附近，體現了愛爾蘭金屬工藝上的新高度。

□ 強大的倭馬亞帝國在 750 年滅亡。但人們仍然依照拜占庭的建築形式修建的清真寺建築卻被保留下來，並在不斷的學習與改革中逐漸發展出獨立的伊斯蘭建築風格。

倭馬亞清真寺

查士丁尼皇帝馬賽克貼畫

□ 這種平面為多邊形的教堂建築為了支撐穹頂的推力，在牆體外加建了支撐性的側室，並將穹頂改為木結構的金字塔形。這種結構的改進引起的教堂形象的變化，也為以後大教堂的產生奠定了基礎。

□ 這幅馬賽克鑲嵌畫（547 年）位於聖魏塔萊教堂內祭壇的一側，而另一側則是著名的狄奧多女王鑲嵌畫。這些鑲嵌畫的工藝非常高超，將查士丁尼皇帝和眾臣的面部表情表現得淋漓盡致。這座教堂的內部鋪滿了金箔為底色的馬賽克鑲嵌畫，色彩艷麗。

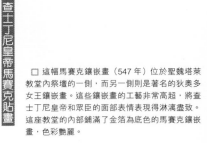

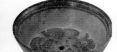

■ 中心有孔的彩繪碗（約 550－900 年）
這隻彩繪碗中間的孔可能是為了釋放碗的"靈魂"，是碎碗儀式的一種形式。這種儀式因美洲其他族群的實踐而廣為人知。

唐菩薩像

□ 位於敦煌莫高窟的第 79 窟西壁，是一尊雕塑於盛唐時的菩薩像。菩薩屈腿斜坐在細腰的台座上，下著裳裙，上身僅斜披一條綬帶，豐滿的肌體顯露於外，與他同圓潤微胖的臉龐，共同表現了盛唐佛教造像的雍容華貴特徵。

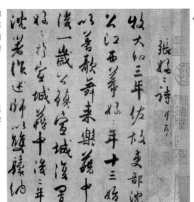

唐 杜牧張好好詩卷

□ 杜牧的《張好好詩》敍述歌妓張好好的不幸遭遇和作者的"感舊傷懷"。書法雄健姿媚，筆勢飛動，深得六朝人遺風。

唐 思維菩薩像

□ 這尊思維菩薩像是敦煌莫高窟唐代雕塑之一，也是敦煌莫高窟唐代造像中的精品之一。菩薩右手抬起托着頭，頭部微傾，這微微的傾斜動作讓他尤其顯得生動。

唐 佛光寺大殿

□ 位於五台山的佛光寺內，這座大殿是現今所存不多的幾座唐代風格建築之一，非常珍貴，具有重要的研究價值。大殿為單簷廡殿頂，寬大的殿頂正脊兩端各立一隻鴟尾。大殿面闊七開間，中央五間安裝帶有金釘的朱紅板門。大殿從正立面看，形體方正、左右對稱，顯得非常穩重。

- 唐天寶十二年
  753 年 鑒真和尚隨日本遣唐使東渡日本，傳揚佛教。
- 唐天寶十四年
  755 年 "安史之亂"。
- 唐寶應元年
  762 年 肅宗病卒，李豫即位，是為唐代宗。
- 唐寶應元年
  762 年 大詩人李白卒。
- 唐大曆五年
  770 年 詩人杜甫卒。

- 唐大曆十四年
  779 年 代宗卒，李適即位為帝，為唐德宗。
- 唐建中元年
  780 年 宰相楊炎建議實行兩稅法。
- 唐建中二年
  781 年 成德李惟岳、淄青李納、魏博田悅等河朔藩鎮叛唐。

- 唐永貞元年
  805 年 順宗被迫讓位太子李純，改元永貞。
- 唐元和三年
  808 年 "牛李黨爭"開始。
- 唐元和十五年
  820 年 憲宗為宦官所殺，穆宗即位。
- 唐長慶三年
  823 年 唐朝與吐蕃結盟，並立了長慶會盟碑以作紀念。

- 唐大和九年
  835 年 "甘露之變"。
- 唐會昌五年
  845 年 唐武宗大舉滅佛。史稱"會昌法難"。
- 唐會昌六年
  846 年 武宗卒，宣宗即位，李德裕罷相，牛李黨爭結束。
- 唐會昌六年
  846 年 詩人白居易卒。

- 唐大中五年
  851 年 以張義潮為沙州節度使，統河湟。
- 唐大中十三年
  859 年 懿宗即位。
- 唐咸通七年
  866 年 北庭回鶻僕固俊創立西州回鶻，都西州。
- 唐咸通九年
  868 年 徐泗地區龐勛起義。

| 750 | 775 | 800 | 825 | 850 |

750 年 阿巴斯王朝

- 750 年 第一批毛利人到達新西蘭。
- 750 年 取代倭馬亞王朝的伊斯蘭第二大王朝——阿巴斯王朝（Abbasid）建立。
- 751 年 阿拉伯軍隊在怛羅斯河畔之戰中擊敗唐菩薩軍隊。造紙術由此傳入阿拉伯世界。
- 751 年 倫巴底人攻陷拉文納，拜占庭帝國全部被外族侵佔。
- 768 年 丕平死後，法蘭克王國分裂。
- 771 年 建立法蘭克帝國的查理繼任加洛林王朝第二任君主。

- 775 年 夏連特王朝在馬來半島修建"三聖廟"。
- 778 年 羅馬教皇格列高利一世收集彙編"格列高利聖詠"。
- 779 年 英西亞統一英格蘭地區。
- 780 年 非洲加納王國發展成為貿易強國。
- 793 年 維京襲擊英吉利海岸。

- 800年左右 波里尼西亞人開始定居在庫克諸島。
- 806 年 法國日爾米尼教堂建成。
- 809 年 在阿拉伯國家出現《天方夜譚》。（即《一千零一夜》）
- 813 年 阿巴斯朝的卡利費·瑪木恩治世。
- 822 年 創立日本天台宗的高僧最澄逝世。

- 835 年 丹麥人進攻英國。
- 843 年 凡爾登條約分割了法蘭克王國。
- 844 年 威爾斯開始了最初之王治世。
- 849 年 緬甸境內的蒲甘王國建立，並奉阿利教密教為國教。

- 850 年 阿拉伯人製成了天體觀測儀。
- 860 年 諾曼人開始遷移到俄羅斯地區。
- 861 年 諾曼人發現冰島。
- 866 年 俄羅斯人將基督教定為國教。
- 867 年 馬其頓王朝開始統治拜占庭帝國。
- 868 年 突厥人在埃及建立地方割據王倫王朝（Tulunid）。
- 871 年 阿佛列大王在愛丁頓戰役中為人。結果，英格蘭受到阿佛列與維京支配。

800 年 高棉王朝

丕平一世肖像

□ 751 年，丕平建立了加洛林王朝。丕平能征善戰，他把出征意大利所得的土地都獻給教皇，換取了穩固而合法的君主地位。

亞琛皇宮

□ 亞琛皇宮是加洛林王朝的宮殿，在加洛林第二任皇帝查理大帝時形成龐大的規模，其中的建築主要以教堂為主，攙雜了希臘、羅馬和拜占庭三地的風格特點。

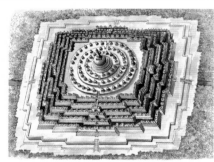

科爾多瓦清真寺

□ 始建於 786 年，寺中最著名的就是由馬蹄形條紋拱券組成的 19 間祈禱室。由白色石材與紅磚砌築的馬蹄形拱都為雙層，使整個大廳呈現出令人難以置信的感觀效果。

□ ■ ● 中國　　□ ■ ● 歐洲　　□ ■ ● 非洲　　□ ■ ● 亞洲　　□ ■ ● 美洲　　□ ■ ● 大洋洲

唐 佛光寺大殿內彩塑

殿是佛光寺主殿，殿內彩
十餘尊，雖經近世重裝，
體、相貌、衣飾、風格仍
唐塑特徵。

□ 位於山西省平遙縣城東北部，始建於五代北漢天會七年（963年）。初名京城寺，明代嘉靖十九年（1540年）改稱鎮國寺。寺內建築經過金、元、明、清時的多次重修、重建，現存寺院共有兩進院落，呈坐北朝南之勢。寺廟中從前至後沿中軸線建有天王殿、萬佛殿、三佛樓等主要建築。主殿之外，另有土地殿、二郎殿、三靈侯殿、財神殿、觀音殿、地藏殿及東西經堂、東西碑亭等附屬建築。

北宋 定窯白釉孩兒枕

□ 以小孩子的形象做成的一個瓷枕，小孩呈趴伏狀，頭部微抬，側臉向上看，兩腳抬起，形態天真可愛。

■ 唐 扶風法門寺唐塔地宮鎏金銀捧真身菩薩

此尊真身菩薩是唐懿宗三十九歲生日時為供養佛指舍利而敬造的，也是第一尊在唐塔地宮中發掘的作為供養品的佛菩薩像。

■ 後周 河北滄州鐵獅

位於河北省滄州市滄縣，是中國現存最大、最重的鐵獅。

二年
王仙芝、黃巢在濮州和曹州起兵反唐。
黃巢稱黃王，號沖天大將軍，建元王霸。
五年
黃巢稱帝，國號大齊，改元金統。
元年
黃巢敗亡，唐末民變失敗

● 唐天復四年
904年昭宗被朱全忠所追，遷都洛陽。
● 唐天祐四年
907年王建即位，國號大蜀，中國歷史進入五代十國時期。
● 後梁貞明三年
917年劉岩稱帝於廣州，國號大越，建元乾亨。
● 後唐同光元年
923年李存勖稱帝一方，是為莊宗，建元同光。

● 後晉天福二年
937年徐知誥廢吳帝楊溥，自即帝位，國號大齊。
● 後晉開運元年
944年後蜀王孟昶作春聯，中國春聯開始出現。
● 遼天祿元年
947年契丹改國號為遼，改元大同。
● 後晉天福十二年
947年劉知遠在太原稱帝，定國號為漢，是為後漢高祖

● 後周廣順元年
951年郭威即帝位，國號周，是為後周太祖。
● 後周顯德元年
954年周太祖卒，養子柴榮嗣，是為世宗，改元顯德。
● 後周顯德六年
959年周世宗卒，子宗訓嗣，是為恭帝。
● 北宋建隆元年
960年趙匡胤建立北宋王朝。

● 北宋太平興國元年
976年太祖暴卒，太宗奪取帝位。
● 北宋太平興國四年
979年北宋滅北漢，實現局部統一。
● 北宋雍熙三年
986年宋軍北伐幽燕。

五代 907年 後梁	923年 後唐	936年 後晉	951年 後周 947年 後漢 遼	宋 960年 北宋

900 　　　　925 　　　　950 　　　　975

▶ 962年 伽色尼王朝 　　　▶ 987年 法蘭西王國

王朝
左右 喬拉朝統治着印度的大部。
丹麥大軍進攻巴黎。
庫美爾人開始在柬埔寨建設首都。
那威首次獨立。

● 900年左右 特爾迪卡族在墨西哥建設首都圖拉。
● 900年 庫克諸島的居民，遷至南新西蘭島。
● 900年左右，馬加爾人從中亞入侵歐洲。
● 905年 統治埃及和敘利亞的圖倫王朝滅亡。
● 911年左右 維京人的首長羅蘭定居在法蘭西的諾曼第。

● 936年 奧托一世成為德意志之王。
● 936年 高麗王氏統一朝鮮半島，並奉佛教為國教。

● 950年 伊玻烏庫文化興盛於尼日利亞東部。
● 962年 諾曼人的首長留里克進入俄羅斯北部，建立了諾夫哥羅德公國。
● 962年 阿富汗興起突厥人國家——伽色尼王朝（Ghaznavid）。
● 962年 奧托一世被授予神聖羅馬帝國的皇帝之冠。
● 969年 突尼斯的法蒂瑪王朝（Fatimid）從圖倫王朝手中奪回埃及，建都開羅。
● 970年 法蒂瑪朝在開羅創立阿資哈爾大學。

● 978年 弗拉基米爾一世成為基輔大公。
● 982年 維京人艾里克到達格陵蘭，並將其命名為"綠島"。
● 985年 喬拉朝的拉加拉加一世即位。他征服了印度南部的凱撒地區和希倫島北部。
● 987年 法蘭西王國建立。
● 990年 波蘭建立天主教會。
● 998年 加茲納朝的軍隊開始入侵印度。

婆羅浮屠

立於東南亞爪哇島上，約8至9世紀之間，是現今上最大、規格最高的佛教。聖殿由一座天然的岩石鑿而成，階梯形的建築形徵着從平凡人到佛陀所經多個層次。

諾曼騎士

自北歐的諾曼人體格強且擅長海戰和陸戰。在進式的搶劫之後，諾曼人開陸地，以戰斧和盾牌為主，開展在中歐和南歐地區與搶劫活動。

聖馬利亞神殿

□ 建於9世紀中期，是西班牙納蘭科地區的一座混合風格式建築。建築總體上依照古羅馬神廟形制建成，但其中也融入了拜占庭地區的伊斯蘭風格。

□ 900年左右，美洲大陸最發達的文明瑪雅文明發展到高潮後戛然而止。瑪雅文明中最重要的金字塔式建築集陵墓與神廟功能於一體，被人們喻為美洲的雅典衛城。

瑪雅廟城

■ 釋迦牟尼教化馴服大象那羅吉里（約900年）

東印度是佛陀在公元前6世紀到前4世紀期間生活和教化的地方，在那裏製作的雕刻中頻繁刻畫釋迦牟尼佛生平的八件大事。這件綠泥石浮雕刻畫的是第六件大事，即釋迦牟尼的精神威力，令狂怒的大象屈膝拜倒的故事。這一事件通常被解釋成佛陀征服了世間的邪惡和自我內部的野性。

北宋 孔廟大成殿

□ 孔廟是祭祀孔子的廟宇，在眾多孔廟中，以山東曲阜的孔廟最為宏偉，也最為著名。曲阜是孔子的故里，早在孔子剛去世不久，其故居即被作為祭祀之地。後來，隨着孔子地位的逐漸提升，孔廟也越建越宏偉。公元153年，皇家開始出力出資修建孔廟，孔廟建築規制逐漸堪比皇家宮殿。這是孔廟的大成殿，始建於宋天禧元年（1017年）。面闊七間，四面帶迴廊，重簷歇山頂，覆黃色琉璃瓦，正顯出皇家建築的非凡等級。

遼 奉國寺大殿

□ 奉國寺大殿是遼寧省義縣奉國寺內的主殿，它是遼代大型木構佛殿建築的代表。本圖是大殿的樑架結構圖，從圖中可以看到，大殿的木構架屬於抬樑式。具體來說，大殿樑架從側立面看，為四柱三樑形式，即有四根立柱，三道橫樑。大殿樑架整體佈置井然有序，結構穩定而又簡單。斗拱仍然是大殿結構中重要的構件。

北宋 晉祠聖母殿

□ 始建於北宋天聖元年（1123年），是著名的晉祠三寶之一。大殿坐落在蒼松翠柏之間，殿面闊七間，進深六間，上為重簷歇山頂形式，覆灰色筒瓦。在四周圍廊的襯托下，顯得莊重雄偉。殿的正面有八根盤龍廊柱，龍體飛揚，姿態優美。殿內頂部為不設天花的徹上明造形式。

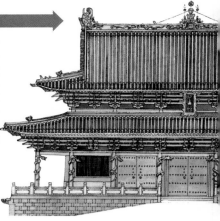

遼 內蒙古陳國公主墓鏨花銀靴

□ 墓址在內蒙古奈曼旗，為陳國公主與駙馬合葬墓，公主和駙馬都是頭枕金花銀枕，臉部戴有銅鎏金面具，頭上置鎏銀冠，腳穿金花銀靴，這些均是研究契丹金銀工藝的珍貴資料。

北宋 蘇州瑞光塔真珠舍利寶幢木函天王彩畫

□ 天王彩畫描繪在裝有"真珠舍利寶幢"的木函上。從四天王像的畫風中可以看到唐代畫聖吳道子的繪畫藝術風格。

● 北宋咸平四年 1001年 國子祭酒邢昺等上新校訂《周禮》、《公羊傳》、《儀禮》、《穀梁傳》。
● 北宋景德元年 1004年 宋與遼訂立澶淵之盟。

● 北宋景德三年 1006年 北宋與黨項訂立和約。
● 北宋大中祥符元年 1008年 真宗東封泰山。
● 北宋大中祥符二年 1009年 南京應天府富民曹誠捐資興建睢陽書院。

● 北宋大中祥符四年 1011年 真宗西祀汾陰。

● 北宋大中祥符九年 1016年 燕肅著成《海潮圖》、《海潮論》。

● 北宋乾興元年 1022年 真宗卒，仁宗即位，劉太后垂簾聽政。

● 北宋明道二年 1033年 劉太后卒，仁宗親政。

● 北宋景祐三年 1036年 嵩陽書院重修。
● 北宋寶元元年 1038年 元昊稱帝，建國號大夏。

● 北宋慶曆元年到慶曆八年 1041－1048年 畢昇發明了活字印刷術。
● 北宋慶曆三年 1043年 范仲淹任參知政事，開始推行慶曆新政。
● 北宋慶曆四年 1044年 詔州學皆立學，更定貢舉法。

● 北宋慶曆五年 1045年 山東生民變。
● 北宋慶曆五年 1045年 范仲淹去參知政事，慶曆新政流產。

```
1000        1005        1010        1015        1020        1025        1030        1035        1040        1045
```

● 1000年左右 培爾的農民栽培紅薯。
● 1000年左右 意大利的羅馬、威尼斯、佛羅倫斯等地開始陸續成立都市國家。

● 1014年 德國國王亨利二世加冕為神聖羅馬帝國皇帝。
● 1019年 俄羅斯各個小國家開始走向統一。

● 1018年 第一保加利亞王國被拜占庭皇帝巴西爾二世所滅。

● 1020年 世界上最古老的長篇寫實小説《源氏物語》由日本女作家紫式部完成。

● 1027年 以開羅為首都統治埃及的法蒂瑪王朝分裂。
● 1028年 西班牙摩爾人政權開始被基督教國家取代。

● 1030年 穆罕默德統治下的阿富汗地區建立起大帝國。

● 1037年 俄羅斯基輔開始興建聖索菲亞教堂。
● 1037年 伊比利亞半島的卡斯提、里昂兩國合併。

● 1044年 蒲甘王朝在阿巴律陀國王統治下統一緬甸。

● 1048年 法蘭西的國王亨利一世削弱了諸侯勢力，加強中央集權。

■ 有四位立神的林伽像（象徵男性生殖器）（10－11世紀）

在這件作品中，林伽的柱身周圍是四位站立着的神——四臂的保護神毗濕奴，雙臂的太陽神蘇利耶，四頭的創造神梵天以及四臂的濕婆。在這四位神像的兩側都有兩個小侍從。林伽一般被放置在神廟中最神聖的地方，有祭司照看。

希臘正教教堂

□ 1054年基督教正式分裂為東正教與天主教，二者的宗教禮儀、程式和教義均有所不同。東正教又被稱為希臘正教，其建築形制主要來自拜占庭帝國的聖索菲亞大教堂，有高高的穹頂和層疊的拱券。

聖馬可教堂

□ 位於意大利威尼斯，修建於11世紀，是一座創新型的拜占庭式教堂建築。教堂最大的特點是多個穹頂和拱券立面的形式。其內部牆壁滿飾黃金和精美的壁畫，以金碧輝煌的裝飾著稱。

□ 1078年，諾曼第人威廉對泰晤士河邊的木結構堡壘進行了重建。這座集宮殿與防禦堡壘於一體的巨大的城堡也就是倫敦塔的最初形象。

倫敦塔

阿彌陀佛坐像

□ 1020年左右，平安時代的日本興建了法成寺、平等院等一些寺院建築，而對阿彌陀佛的供奉也達到了高潮。此時的佛像雖仍然帶有中國特色的影響，但已經開始向本土化和世俗化的風格轉變。

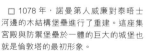

□■●中國　　□■●歐洲　　□■●非洲　　□■●亞洲　　□■●美洲　　□■●大洋洲

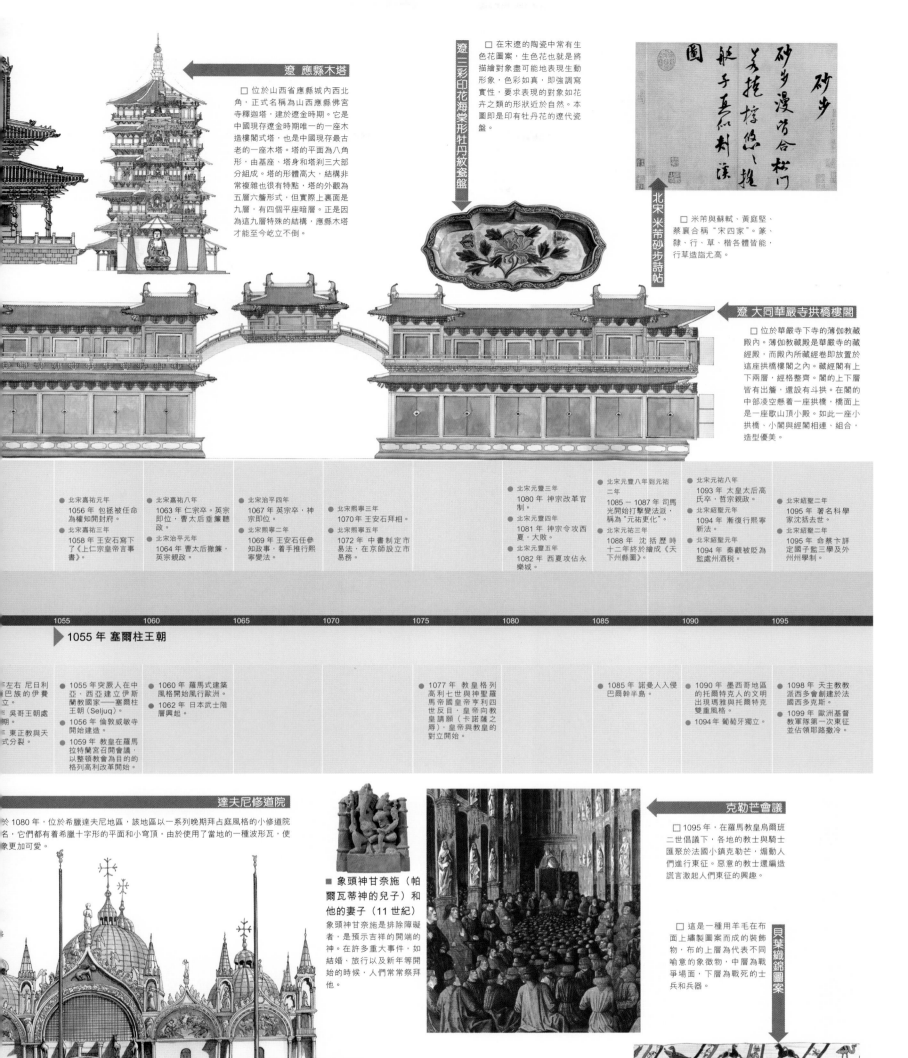

遼 應縣木塔

□ 位於山西省應縣城內西北角，正式名稱為山西應縣佛宮寺釋迦塔，建於遼金時期。它是中國現存遼金時期唯一的一座木造樓閣式塔，也是中國現存最古老的一座木塔。塔的平面為八角形，由基座、塔身和塔剎三大部分組成。塔的形體高大，結構非常複雜也很有特點，塔的外觀為五層六簷形式，但實際上裏面是九層，有四個平座暗層。正是因為這九層特殊的結構，應縣木塔才能至今屹立不倒。

□ 在宋遼的陶瓷中常有生色花圖案，生色花也就是將描繪對象盡可能地表現生動形象，色彩如真，即強調寫實性，要求表現的對象如花卉之類的形狀近於自然。本圖即是印有牡丹花的遼代瓷盤。

遼三彩印花海棠形牡丹紋瓷盤

□ 米芾與蘇軾、黃庭堅、蔡襄合稱"宋四家"。篆、隸、行、草、楷各體皆能，行草造詣尤高。

北宋 米芾砂步詩帖

遼 大同華嚴寺拱橋樓閣

□ 位於華嚴寺下寺的薄伽教藏殿內。薄伽教藏殿是華嚴寺的藏經殿，而殿內所藏經卷即放置於這座拱橋樓閣之內。藏經閣有上下兩層，經格整齊。閣的上下層皆有出簷，還設有斗拱。在閣的中部凌空懸着一座拱橋，橋面上是一座歇山頂小殿。如此一座小拱橋、小閣與經閣相連、組合，造型優美。

● 北宋嘉祐元年 1056 年 包拯被任命為權知開封府。 ● 北宋嘉祐三年 1058 年 王安石寫下了《上仁宗皇帝言事書》。	● 北宋嘉祐八年 1063 年 仁宗卒。英宗即位，曹太后垂簾聽政。 ● 北宋治平元年 1064 年 曹太后撤簾，英宗親政。	● 北宋治平四年 1067 年 英宗卒，神宗即位。 ● 北宋熙寧二年 1069 年 王安石任參知政事，着手推行熙寧變法。	● 北宋熙寧三年 1070 年 王安石拜相。 ● 北宋熙寧五年 1072 年 中書制定市易法，在京師設立市易務。		● 北宋元豐三年 1080 年 神宗改革官制。 ● 北宋元豐四年 1081 年 神宗令攻西夏，大敗。 ● 北宋元豐五年 1082 年 西夏攻佔永樂城。	● 北宋元豐八年到元祐二年 1085 – 1087 年 司馬光開始打擊變法派，稱為"元祐更化"。 ● 北宋元祐三年 1088 年 沈括歷時十二年終於繪成《天下州縣圖》。	● 北宋元祐八年 1093 年 太皇太后高氏卒，哲宗親政。 ● 北宋紹聖元年 1094 年 漸復行熙寧新法。 ● 北宋紹聖元年 1094 年 秦觀被貶為監處州酒稅。	● 北宋紹聖二年 1095 年 著名科學家沈括去世。 ● 北宋紹聖二年 1095 年 命蔡卞詳定國子監三學及外州州學制。

1055	1060	1065	1070	1075	1080	1085	1090	1095

▶ 1055 年 塞爾柱王朝

●左右 尼日利 …巴族的伊費 立。 ● 吳哥王朝處 朝。 ● 東正教與天 式分裂。	● 1055 年 突厥人在中亞、西亞建立伊斯蘭教國家——塞爾柱王朝（Seljuq）。 ● 1056 年 倫敦威敏寺開始建造。 ● 1059 年 教皇在羅馬拉特蘭宮召開會議，以整頓教會為目的的格列高利改革開始。	● 1060 年 羅馬式建築風格開始風行歐洲。 ● 1062 年 日本武士階層興起。			● 1077 年 教皇格列高利七世與神聖羅馬帝國皇帝亨利四世反目。皇帝向教皇請願（卡諾薩之辱），皇帝與教皇的對立開始。	● 1085 年 諾曼人入侵巴爾幹半島。	● 1090 年 墨西哥地區的托爾特克人的文明出現瑪雅與托爾特克雙重風格。 ● 1094 年 葡萄牙獨立。	● 1098 年 天主教教派西多會創建於法國西多克斯。 ● 1099 年 歐洲基督教軍隊第一次東征並佔領耶路撒冷。

達夫尼修道院

於 1080 年，位於希臘達夫尼地區，該地區以一系列晚期拜占庭風格的小修道院名，它們都有着希臘十字形的平面和小穹頂，由於使用了當地的一種波形瓦，使象更加可愛。

■ 象頭神甘奈施（帕爾瓦蒂神的兒子）和他的妻子（11 世紀）
象頭神甘奈施是排除障礙者，是預示吉祥的開端的神。在許多重大事件，如結婚、旅行以及新年等開始的時候，人們常常祭拜他。

克勒芒會議

□ 1095 年，在羅馬教皇烏爾班二世倡議下，各地的教士與騎士匯聚於法國小鎮克勒芒，煽動人們進行東征。惡意的教士還編造謊言激起人們東征的興趣。

□ 這是一種用羊毛在布面上繡製圖案而成的裝飾物，布的上層為代表不同喻意的象徵物，中層為戰爭場面，下層為戰死的士兵和兵器。

貝葉織錦圖案

■ 保護神加魯特托着美神毗濕奴和財富女神拉克什米（11 世紀）
毗濕奴被表現為騎在他的半人半鳥的坐騎加魯特身上，而他的妻子吉祥天女拉克什米則坐在他的左膝上。雕像中的毗濕奴有三個頭：中間是一個人的頭，左邊是一個野豬的頭，右邊則是一個獅子的頭。這種三頭的毗濕奴像在克什米爾地區十分流行，被稱為帕拉－婆蘇提婆－那羅衍那，即至高無上的神。

宋代彩畫

□ 宋代彩畫主要有五彩遍裝、碾玉裝、青綠疊暈棱間裝、解綠裝、丹粉刷飾等五種，其他形式都屬於這五種的變化。本圖屬於宋代彩畫中的五彩遍裝，是宋代上等彩畫。

■ 北宋 徽宗趙佶（1082－1135 年）瑞鶴圖
表現的是群鶴雲聚汴京宣德門的瑞應景象，宋徽宗的書法風格挺健秀麗，稱瘦金體，此畫就有宋徽宗的瘦金書題詩，並簽押"天下一人"。

■ 金 磁州窯白釉黑花小口瓶
此瓶紋飾構圖簡練，寥寥數筆，隨意采飛揚，體現了磁州窯簡練灑脫的裝飾風格。

宋 山秋夜泊圖

□ 畫中繪大船停泊，岸邊有城牆、樓閣，下面是青磚砌築的梯形城台，帶有明顯的宋代建築風格。整幅畫氣氛幽然寧靜，風格自然清新。

南宋 普賢騎象

□ 普賢菩薩梵名譯為"遍吉"，意為具足無量行願，普示現於一切佛剎的菩薩，尊號"大行普賢"，專司諸佛的理德、行經。普賢菩薩是佛教菩薩中非常重要的一位，他最常見的造像形象是與文殊菩薩共同侍立在釋迦牟尼兩側，作為佛的脅侍。本圖所繪是四川大足石窟北山佛灣普賢騎象像。

■ 南宋 陸游（1125－1210 年）自書
陸游告退歸里時所作，全卷書詩八首，描寫退故里後對田園生活的感受，有大氣磅礴之

● 北宋建中靖國元年 1101 年 蘇軾卒。	● 北宋崇寧四年 1105 年 蘇門四學士之一的黃庭堅卒。 ● 遼乾統七年 1107 年 遼朝因為貪圖經濟利益，捕海東青、虐待女真族，求北珠，結果激起了女真族人的怨恨。	● 遼乾統三年 1113 年 完顏阿骨打即位，做了聯盟長。 ● 遼天慶四年 1114 年 完顏阿骨打起兵反遼。	● 遼天慶五年 1115 年 完顏阿骨打建立女真國家政權，國號大金，年號收國。 ● 遼天慶九年至十年 1119－1120 年 北京天寧寺塔興建。	● 北宋宣和二年 1120 年《宣和畫譜》編成。	● 金天會五年 1123 年 完顏阿骨打卒，吳乞買繼承皇帝位，史稱金太宗，年號改為天會。 ● 南宋建炎元年 1127 年 康王趙構在臨安即位，是為宋高宗。 ● 西夏正德六年 1124 年 西夏稱藩於金。	● 金天會五年 1127 年 金國俘虜了北宋的徽、欽二帝，北宋滅亡。 ● 西夏正德五年 1131 年 耶律大石建立西遼。	● 金天會十三年 1135 年 完顏亶繼位為帝，即金熙宗，未改元，年號仍然為天會。 ● 金天眷元年 1138 年 金熙宗對金朝制度進行改革。	● 金皇統元年 1141 年 金宋議和、史稱紹興議和。 ● 西夏大慶四年 1143 年 興州、夏州發生強烈地震，仁宗下令適當減免受地震災害的居民租稅。	● 西夏人慶二年 1145 年 西學。 ● 南宋紹興十九 1149 年 陳敷《書》。

金 1115 年 　　　　　　　　　　　　　　1127 年 南宋

1100　　1105　　1110　　1115　　1120　　1125　　1130　　1135　　1140　　1145

● 1100 年 西歐、北歐建造石門成為時尚。 ● 1100 年左右 北美洲的婆羅族在米薩·威爾蒂和杏古卡寧的斷崖上修建住所。	● 1105 年 諾曼人羅傑二世開始擴展西西里島以外的疆域並成為國王。	● 1113 年 柬埔寨開始興建舉世聞名的吳哥窟。	● 1119 年 意大利成立了博洛尼亞大學，法國成立了巴黎大學。	● 1122 年 教皇與神聖羅馬帝國皇帝在德國境內簽署停戰合約。	● 1126 年 聖詹姆斯大帝教堂在西班牙康波斯特拉落成。 ● 1126 年 波斯詩人、數學家和天文學家歐瑪爾海亞去世。	● 1143 年 阿方索一世成為第一代葡萄牙國王。 ● 1144 年 第二次十字軍東征。 ● 1144 年 法國第一座哥德式大教堂聖丹尼斯教堂建成。	● 1149 年 十字軍東征

■ 抱獅和羊的二婦人（1118 年）
這件大理石製的作品出自法國圖盧茲聖塞爾南教務會教堂。

□ 吳哥窟在當地的高棉語中是"寺廟城"之意，約於 1113 年動工修建，1150 年完成，是柬埔寨最有代表性的印度教建築群。整個吳哥窟以五座尖塔為中心，以精美的雕刻聞名於世。

吳哥窟

奧爾內斯木結構教堂

□ 挪威中世紀的木結構教堂是歐洲此類建築中保存最為完整的，而且這些教堂是按照當地傳統農業部落式的佈局結構建成，與法、德等地區的哥德式教堂有很大不同。

夏圭 雪堂客話圖

... 是南宋山... 家之一。他... 特點就是邊... ，局部取... 圖是夏圭代... 一。

宋 山水冊

□ 宋代山水畫中有很多是直接以《山水冊》命名的一系列山水畫。本圖即是一幅採用這種命名法的山水畫，畫面意境幽雅。畫中繪有平闊的水面、水上小島、島上樹叢、朦朧飄渺，湖岸上則清晰地繪有一處宅院，房前柳樹傾斜、枝葉飄浮，房後蒼松翠柏蔥鬱、挺拔。

南宋 馬遠 華燈侍宴圖

□ 馬遠是南宋山水四大畫家之一，兼工山水、人物、花鳥。《華燈侍宴圖》主要描繪的是夜晚宴飲的場景。畫面的上半部分描繪的是夜色下的遠山與草木，較為朦朧悠遠；畫面的下半部分是此畫的主體部分，繪有宮殿，殿內有人正在舉杯暢飲，殿前平台上有眾多表演舞蹈的舞伎，點明了"華燈侍宴"主題。

■ 金 北京盧溝橋（1189－1192 年）
盧溝橋是北京地區現存的一座多孔聯拱大石橋。初名"廣濟橋"，橋面用石板鋪砌，兩旁有石欄石柱，每個柱頭上都雕刻着不同姿態的獅子。

■ 南宋 朱熹（1130－1200 年）城南唱和詩
城南唱和詩一共二十首，記敍作者遊歷城南風光的二十景。此卷書法筆墨精妙，蕭散簡遠，筆意從容，靈活自然，為朱熹傳世佳作。

● 金罷行台尚... 年
● 金正隆元年 1156 年 金頒行新官制。
● 金正隆四年 1159 年 金營建汴京，準備南伐。

● 金大定元年 1161 年 完顏雍從完顏亮手裏奪取了金朝的統治權，改元大定。
● 南宋隆興元年 1163 年 高宗退位，孝宗即位。

● 金大定五年 1165 年 金復與宋和。

● 金大定二十年 1180 年 金降完顏亮為海陵庶人。

● 南宋淳熙十六年 1189 年 鐵木真被推舉為蒙古部首領。
● 金大定二十九年 1189 年 金完顏雍卒，諡仁孝，廟號世宗。完顏璟即位，是為章宗。

● 金明昌二年 1191 年 金朝推行漢字。
● 金明昌五年 1194 年 黃河在南京陽武故堤決口。

● 金承安元年 1196 年 金朝禮樂制度初具規模。
● 金承安二年 1197 年 金國下令招募漢軍。同年，鑄"承安寶貨"幣。

| 1155 | 1160 | 1165 | 1170 | 1175 | 1180 | 1185 | 1190 | 1195 |

▶ 1152 年 古爾王朝

▶ 1185 年 鐮倉幕府

腓特烈一世... 望馬帝國。
突厥人在阿富... 汗北部建立了穆斯... —古爾王朝。
斯里蘭卡佛... 王的支持下開... 律。
英國國王亨... 開始進行統治... 改革

● 1156 年 日本爆發三大家族內戰。

● 1163 年 英國牛津大學創立。

● 1168 年 墨西哥灣境內的托爾特克文明衰落。
● 1173 年 薩拉丁自立為埃及國王。
● 1174 年 統治埃及的薩拉丁佔據敍利亞。

● 1170 年 塞爾維亞獨立。
● 1179 年 瑪雅潘王洗劫了瑪雅文明的中心——奇欽·伊查。

● 1181 年 柬埔寨國王將觀音定為高棉王朝保護神。

● 1185 年 日本鎌倉幕府政權建立。
● 1186 年 古爾王朝的穆罕默德擊敗加色尼統治者，在印度北部建立伊斯蘭國家。
● 1189 年 英國獅心王查理加冕。

● 1190 年 德意志成立騎士團。
● 1191 年 獅心王查理與佔據耶路撒冷的薩拉丁簽署休戰契約，第三次十字軍東征失敗。薩拉丁統治耶路撒冷。
● 1194 年 花剌子模突厥王朝統治巴格達。

● 1198 年 朝鮮半島上的高麗王國在農民和奴隸起義中衰落。

王后像

□ 位於尼日利亞的伊費文明從 11 世紀持續到 14 世紀，此時人物雕像上出現一種類似於浮雕的裝飾手法，而這種浮雕形式的紋身在今天的非洲黑人中還頗為流行。

■ 伊費頭像（12－15 世紀）
這件赤陶作品出土於尼日利亞，是伊費赤陶寫實主義的傑作之一。其所表現的非洲黑人婦女，嘴角兩側雕刻有部落刺花，造型準確，線條優美。

武士服

□ 1199 年鎌倉幕府統治時期，日本武士制度達到高潮，並逐漸形成武士階層。此後雖然歷經王朝更替，但武士制度卻保留下來，成為各個統治階級捍衛政權和對抗外部侵略的主要力量。

岩石教堂

□ 這些位於埃塞俄比亞高原上的教堂共有 11 座，全都是在岩石壁上開鑿而成，據說是因為埃塞俄比亞第七代國王拉利貝拉在夢中得到神示而建造的。

□ 位於巴黎塞納河的西岱島上，始建於 1163 年，修建過程橫跨三個世紀，持續了近二百年。真正使巴黎聖母院聞名於世的是 1831 年法國文豪雨果的著作《巴黎聖母院》。

巴黎聖母院

■ 南宋 趙孟堅（1199－1264 年）墨蘭圖
畫家畫蘭，始於南宋趙孟堅。畫上繪墨蘭兩叢，生於草地上，蘭花盛開，如彩蝶翩翩起舞；蘭葉柔美舒放，清雅俊爽。

元 自在觀音瓷像

□ 這件青釉瓷像是元代景德鎮的產品，又稱作水月觀音像，它的雕塑十分精彩，不僅人物面部安詳、慈善，而且遍體裝飾瓔珞，均用串珠連綴而成。衣服紋飾流暢自然，手足生動逼真，通體施青白釉，瑩潤如玉。

■ 南宋 楊粲基

該基是南宋播州安撫使楊粲夫婦合葬的一座大型石室墓，墓內遍雕文官武士、人物花卉、龍牀龍椅等，雕工精湛，栩栩如生。

□ 大明殿是元代宮城內最重要的宮殿群。大明殿的整體佈局延續宋代宮殿的做法。採用工字形，前部的主殿名稱也是大明殿，莊重嚴肅，後部的殿堂是後寢，較為靈巧活潑。

元 大明殿

元 妙應寺白塔

□ 位於北京阜成門內，建於元代至元八年（1271 年），塔建成之後又在塔前建了一座規模宏大的寺廟，元末寺毀但塔存。明代重建寺廟，並改名妙應寺，塔也便被稱作妙應寺塔，又因為塔通體潔白，所以稱為白塔。是現存中國最大的元代喇嘛塔。

● 南宋開禧二年 1206 年 宋寧宗下詔北伐，宋金開戰。蒙古鐵木真即大汗位，稱成吉思汗。 ● 金泰和七年 1207 年 金修成《遼史》。	● 金大安二年 1210 年 金在六、七月後連續發生地震。同年八月，蒙古軍襲擊金國。 ● 金貞祐二年 1214 年 金國厚賄蒙古，解了中都之圍。	● 金貞祐四年 1216 年 蒲鮮萬奴叛金自立，建國號大真，改元天泰。	● 金元光二年 1223 年 金帝完顏珣卒，完顏守緒即位。 ● 南宋嘉定十七年 1224 年 寧宗趙病卒，史彌遠等人設謀逼立了趙昀為帝，是為理宗。	● 南宋寶慶元年 1225 年 成吉思汗佔領了整個中亞細亞和南俄羅斯草原。 ● 南宋寶慶三年 1227 年 成吉思汗卒，西夏亡。	● 南宋紹定三年 1230 年 宋理宗親撰《道統十三贊》。 ● 南宋端平元年 1234 年 南宋禁毀銅錢作器用，並下海貿易。	● 南宋瑞平三年 1236 年 蒙古耶律是材奏定立中原賦稅制度。 ● 南宋淳祐二年 1242 年 蒙古六皇后脫列哥那稱制。	● 南宋淳祐七年 1247 年 秦成《數學九章》稱《數書九… ● 南宋淳祐九年 1249 年 宋嚴禁毀錢鑄…

1200　　1205　　1210　　1215　　1220　　1225　　1230　　1235　　1240　　1245

▶ 1235 年 馬里王國

● 1200 年左右 埃塞俄比亞的皇帝在拉里比拉挖掘岩石設教會。 ● 1200 年左右 印加人定居在秘魯的庫斯科周邊。	● 1206 年 成吉思汗成為蒙古統治者，蒙古鐵騎開始席捲亞洲各地，並入侵西夏國。 ● 1209 年 阿希基的法蘭西斯設立法蘭西斯修道會。	● 1210 年 聖方濟各建立方濟各會。	● 1215 年 英國的約翰國王在《自由大憲章》上署名，承認貴族的特權。 ● 1219 年 第五次十字軍東征結束。	● 1221 年 日本爆發以廢除幕府制為目的的承久之亂。 ● 1223 年 蒙古人開始征戰歐洲。	● 1226 年 越南陳朝統治者陳太宗統一貨幣。 ● 1229 年 第六次十字軍東征，奪取了耶路撒冷。	● 1231 年 蒙古軍隊開始入侵高麗，高麗於1258 年對蒙古朝稱臣，並納歲供。 ● 1235 年 蒙古人開始對歐洲新一輪的攻勢。經過一系列征戰，蒙古人建立了從太平洋海岸直達多瑙河的大帝國。	● 1235 年 繼加納之後，稱霸西非的馬里王國建立。 ● 1243 年 以伏爾加河為中心的欽察汗國建立，即著名的"金帳汗國"。	● 1241 年 呂貝克和漢堡締結了以通商和相互防衛為目的的漢薩同盟。 ● 1246 年 道隆在日濟禪大覺… ● 1248 年 宋發動針對…七次東征…

■ 濕婆的公牛南迪像（約 1200 年）
濕婆神的坐騎是一頭公牛，名叫南迪。公牛南迪本身也是一個神，牠的名字意思是"歡喜，高興"。南迪是一個溫馴而又快樂的神，牠的雕像常被放在神廟的大廳或門廊裏，面對着內部的聖所。這件雕像來自南印度泰米爾納杜邦的一個神廟，因此牠很可能是被放置在其中一個神廟前廳的一塊獨立的地方，供禱告者和作祭祀的神職人員祭拜。

■ 時間推算圖（1200－1350 年）
"菲耶爾瓦星——瑪雅"手抄本第一頁，屬於墨西哥米斯特克藝術。它表現的是根據星象位置預測未來的占星術。

■ 站立的濕婆（破壞之神）和帕爾瓦蒂女神像（13 世紀）

濕婆雖然在本性上是一個苦行者，卻娶了喜馬拉雅山主神帕爾塔的女兒帕爾瓦蒂女神（她是杜爾伽的溫柔相）。這對配偶的許多作品都表現他們在溫柔地擁抱，但在這件銅合金浮雕作品中他們則是並肩站立的。

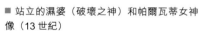

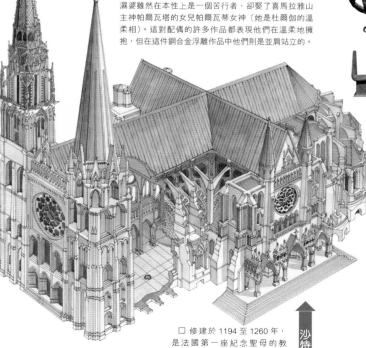

□ 修建於 1194 至 1260 年，是法國第一座紀念聖母的教堂，同時也與理姆斯教堂、亞眠主教堂、博韋主教堂一起，成為法國四大哥德式教堂。

沙特爾教堂

□ 柿蒂就是柿子與莖相連的部分，柿蒂紋是仿照柿蒂而成的一種紋樣。柿蒂紋的整個形狀像菱形，具體的表現線條又極圓潤柔順，所以又類似於如意頭紋。這是元代永樂宮壁畫中的柿蒂紋，以藍色、綠色、橙色等互相搭配，繪出四方連續式的柿蒂圖案。

■ 元 青花纏枝牡丹玉壺春瓶

元代青花是中國瓷器史上的肇端，它的工藝技術直接影響了明、清兩代瓷器製造業的發展。

□ 山西永樂宮的三清殿是永樂宮內的主殿，又名無極之殿，面闊七間，進深四間，單簷廡殿頂。大殿的屋脊寬大，脊的兩面都鑲嵌有五彩琉璃件，拼成龍鳳、花鳥等各種形象，造型精巧，色彩明麗。正脊兩端所立的鴟吻尤其壯觀。

■ 元 趙孟頫（1254－1322年）玄妙觀重修三門記

元代傑出書畫家，世稱"趙體"。《玄妙觀重修三門記》是趙孟頫的早期作品，用筆嚴謹，筆勢清晰，楷書中帶有行書的意味。

天地閱闢運乎鴻樞　西乾坤為之戶牖　出入經乎黃道而卯　而為之門是故建設　宮觀華崇玄象外則　周琦垣之燦屬靈星之

● 南宋寶祐四年
1256 年 賈似道參政。同年，文天祥進士及第。

● 南宋寶祐五年
1257 年 蒙哥親征南宋，以阿里不哥留守蒙古。

● 南宋開慶元年
1259 年 忽必烈率軍圍攻鄂州，南宋求和。

● 元中統三年
1262 年 蒙古忽必烈平定山東李氏的武裝叛亂，實現了全國的大統一。

● 元至元元年
1264 年 蒙古忽必烈命令西藏地方政府首領八思巴掌管西藏地方行政事務。

● 南宋咸淳三年
1267 年 宋的航海者在天竺（印度）沙里八丹港建了一座四方形的中國傳統磚塔。

● 元至元八年
1271 年 元世祖忽必烈建立元朝，統一全國，定都大都。

● 元至元十二年
1275 年 馬可·波羅來華。

● 南宋祥興元年
1278 年 文天祥被俘，堅決拒絕降元，並作《過零丁洋》詩以明志。

● 元至元十七年
1280 年 元頒鈔法於江南，廢棄宋製銅錢。同年，頒郭守敬等所製的《授時曆》。

● 元至元二十年
1283 年 被元朝俘虜、拘押了五年的文天祥，因為屢勸不降被殺。

● 元至元二十四年
1287 年 諸王乃顏反叛。忽必烈親征。

● 元至元二十六年
1289 年 元都軍進攻漠北，忽必烈親征，復和林，留伯顏鎮守。

● 元至元二十九年
1292 年 元朝開始修造通惠河，並以郭守敬主持一切事宜。

● 元至元三十一年
1294 年 忽必烈死。成宗鐵穆耳即帝位。

● 元大德三年
1299 年 元派遣僧使出使日本。

元 1271 年

| 1255 | 1260 | 1265 | 1270 | 1275 | 1280 | 1285 | 1290 | 1295 |

年 馬穆魯克王朝

● 埃及、敘利亞奴隸建立伊奴權—馬穆魯（mluk）王朝。秘魯處於早期

● 1255 年 羅馬異端法庭被授權可以使用肉體折磨。

● 1258 年 蒙古軍隊大侵巴格達，結束了阿拉伯帝國的統治。

● 1259 年 忽必烈派大軍侵入越南。

● 1260 年 蒙古人在阿因扎魯特之戰中受挫，中止了在中東地區的擴張。

● 1262 年 挪威將格陵蘭與冰島納入版圖之中。

● 1270 年 非洲東部的阿姆哈拉人建立所羅門王朝。

● 1271 年 馬可·波羅動身前往中國。

● 1274 年 歐洲中世紀最偉大的思想家愛托馬斯·阿奎那去世。

● 1280 年 創立日本臨濟宗東福寺派的日本高僧圓逝世。

● 1282 年 西西里島起義反抗法國統治者。

● 1284 年 英格蘭王愛德華一世征服威爾斯。

● 1288 年 法國亞眠大教堂竣工。

● 1290 年左右 意大利人發明並製造了眼鏡。

● 1291 年 瑞士聯邦成立。

● 1294 年 英國修道士、科學家羅傑·培根逝世。

● 1295 年 馬可·波羅回到意大利。

● 1297 年 蘇格蘭人在威廉·華萊士的領導下取得抗擊英國戰爭的勝利。

意大利北部的、米蘭等城市立自治共和國。

頭像（13 世紀）

頭像出土於尼日利亞，是費青銅鑄造藝術極盛時期作品注重人物整體精神面貌，具有非洲雕像的藝術特點。

■ 曼舞的女神阿帕莎拉（自然女神）（13－14世紀）

印度神廟的牆壁外常常佈滿了小神的雕像，他們是主神的侍從。其中經常包括為娛樂主神而跳舞的美麗的天女。她們胸部豐滿，腰肢纖細，雙腿修長，體現了印度的女性美的理想，正適合這些神聖的舞蹈者。

■ 三足鳥形祭器（1200－1521 年）

這件彩陶高 21.5 厘米，屬於墨西哥米斯特克藝術。在這件作品中，鳥的形象與器皿被巧妙地結合在一起。

□ 位於南非的津巴布韋，自 5 世紀以來就是莫諾莫塔帕古國的首都。這些由巨石砌築的神廟建築修建於莫諾莫塔帕王國最為強盛的 13 世紀，雖然石塊之間沒有任何黏合之物，建築卻異常牢固。

□ 位於意大利比薩的建築群是中世紀最重要的建築群之一，同時因為其傾斜的鐘塔而聞名於世。整個建築群由洗禮堂、主教堂和鐘塔（比薩斜塔）三部分組成，整個教堂於公元 1272 年完工。

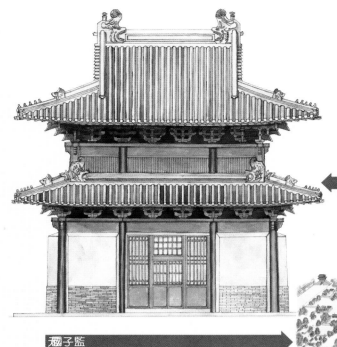

■ 元 銀槎
作者朱碧山以善製精妙的銀器而負盛名。這件銀槎杯，代表了元代銀器工藝高超的技術水平。

八吉祥錦（左）八達暈
□ 八吉祥是佛教中的八種寶：輪、寶傘、法螺、寶蓋、蓮花、魚、盤長、寶瓶。因為它們在作為裝飾時，常常是同時出現或是組合以合稱八吉祥。八吉祥紋樣的應用很廣，雕刻、漆器、織物、刺繡都有。本圖為八吉祥錦。

元 慈雲閣
□ 位於河北省定興縣城內，是一座兩層、歇山頂的樓閣，建於元代大德十年（1306年）。這是慈雲閣的正立面圖，它的面闊為三開間，中央開間安裝隔扇門，兩側為牆體，這對於內部空間長、寬不足九米的樓閣來說，更具有穩定性。樓閣的簷下斗拱清晰。

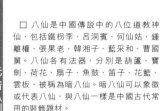

□ 八仙是中國傳說中的八位道教神仙，包括鐵柺李、呂洞賓、何仙姑、鍾離權、張果老、韓湘子、藍采和、曹國舅。八仙各有法器，分別是葫蘆、寶劍、荷花、扇子、魚鼓、笛子、花籃、雲板，被稱為暗八仙。暗八仙可以象徵或代表八仙，與八仙一樣是中國古代常用的裝飾題材。

元 暗八仙

國子監
□ 北京國子監是元、明、清時期的最高學府，位於現在的北京安定門內國子監街路北，與北京文廟緊密相連，幾乎成為一體。國子監的第一道門名為"集賢門"，第二道門是"太學門"，太學門內立有琉璃牌坊一座。牌坊北面就是形體方正的辟雍殿，四面環水，是天子講學之所。

元 獅子林
□ 位於江蘇省的蘇州市，是中國著名的南方古典子林的成園主要在清代。清興祖買，修建後改名涉園。商貝仁元得，大加修繕，園冠蘇州。不過，獅子林的開元代至正元年（1341年。則禪師來到蘇州，將弟子們的禪林命名為"獅子林菩提正簡稱"獅子林"。

● 元大德十一年 1307年 海山奪得帝位，是為元武宗。定中都為國都，改元至大。	● 元至大三年 1310年 元朝廷制定課稅法。	● 元泰定二年 1325年 永樂宮三清殿殿內壁畫主體部分（朝元圖）完工。		● 元至正二年 1342年 羅馬教皇特使馬黎諾里一行來到元上都。
● 元至大二年 1309年 元武宗下詔頒行至大銀鈔。同年，復置尚書省。改行中書省為行尚書省。	● 元皇慶二年 1313年 農學家王禎經過幾十年的努力，編成了《農書》。	● 元延祐二年 1315年 初行科舉。蒙古、色目人為右榜，漢人、南人為左榜。	● 元至治二年 1322年 拜住被英宗任命為中書右丞相，開始推行改革。	● 元至順元年 1330年 元代農學家魯明善撰成農學專著《農桑衣食撮要》二卷。
● 元大德四年 1300年 著名的戲曲家關漢卿去世。			● 元致和元年 1328年 泰定帝卒。燕鐵木兒於大都發動政變，擁立懷王圖帖睦爾即位，是為文宗，改元天曆。泰定帝皇太子阿速吉八在上都被擁立即位，改元天順。	● 元至元二年 1336年 惠宗妥懽帖睦爾遣使出訪歐洲。
				● 元至正二年至五年 1342－1345年 北京居庸關雲台興建。

1300	1305	1310	1315	1320	1325	1330	1335	1340	1345

▶ 1300 年左右 鄂圖曼帝國　　　　　　　▶ 1320 年 圖格魯克王朝

● 1300年左右 復活節島上立起了巨大的石像。	● 1305年 教皇將教廷遷入法國阿維農地區並受法國控制，史稱"阿維農之囚"。	● 1314年 在巴納克巴尼戰役中，蘇格蘭軍擊敗英格蘭軍。	● 1320年 德里蘇丹國圖格魯克王朝（Tughlug）建立。	● 1325年 阿茲特克人在墨西哥盆地建立特諾奇蒂特蘭城。	● 1333年 日本進入天皇統治時期。	● 1337年 英法之間的百年戰爭正式開始。
● 1300年 北美大旱，嚴重的乾旱使拉沙茲和新墨西哥地區的文明加速滅亡。	● 1306年 喬托在阿雷納禮拜堂中創作連續壁畫作品。		● 1321年 創作出《神曲》的偉大詩人但丁逝世。	● 1327年 英國國王愛德華二世被判處死。		
			● 1322年 非洲西部的馬里王朝進入極盛時期。			
			● 1324年 馬里國王曼薩穆薩巡禮麥加。			

復活節島石像群
□ 這些位於太平洋復活節島上的巨像，約雕刻於公元1000年至1500年之間，可能是遷移而來的印加人後裔所作，但製作這些巨像的過程和目的目前都尚未可知。

塞薩洛尼卡聖徒教堂
□ 1314年建成的聖徒教堂，位於塞薩洛尼卡，是拜占庭帝國掌握的少數幾個地區之一。依照聖索菲亞大教堂形式修建的小教堂有五座高低不同的穹頂，其平面呈梅花狀，顯得更加精緻。

量是中國古代的一種幾何紋類樣，它是以八方形為中心，並同時，在框內和框形之間填樣，也大多以幾何紋為主。這具有四通八達的吉祥寓意，多中。本圖即是八達暈錦。

□ 位於北京西北居庸關關城內，雲台原為一座過街佛塔的台座，建於元順帝至正二年至五年（1342－1345年），用漢白玉石砌成。台頂四周有石護欄及排水龍首。台座中間南北向關一拱券門，門內外雕有大鵬金翅鳥、大蟒神、捲葉花、四大天王等圖案；洞內兩壁上還有佛教圖案、經咒等雕刻。雲台的各種雕刻極為精美，是中國現存元代雕刻藝術和建築技術的優秀代表作。

元 居庸關雲台

明 嘉峪關

□ 嘉峪關地處甘肅省的西部，是長城上著名的軍事要塞。嘉峪關最重要的防禦部分就是關城，平面呈梯形。關城的城牆大多為土建，只是門樓和角樓用磚築。關城有東西二個大門，東為光化門，西為柔遠門。城台上面建有高大的歇山頂城樓，巍然壯觀，氣勢凜然。

	● 元至正二十年 1360年 陳友諒在江州殺徐壽輝，自立為帝，建國號漢，年號大義。	● 元至正二十六年 1366年 陶宗儀完成《南村輟耕錄》，並刊印發行。						● 明洪武三十年 1397年 頒《大明律誥》。
● 一年 元朝廷用賈 開黃河故道， 河防使。開河 里。	● 元至正十五年 1355年 朱元璋渡江取太平。 ● 元至正二十一年 1361年 朱元璋立鹽法、茶法，置寶源局，鑄大中通寶錢。	● 明洪武元年 1368年 朱元璋稱帝，國號大明，年號洪武。 ● 明洪武元年 1368年 修建金山嶺長城。	● 明洪武三年 1370年 朱元璋下詔移民墾荒。同年，八月初開鄉試科。九月，修禮書成，賜名"大明集禮"。	● 明洪武十四年 1381年 江蘇南京靈穀無樑殿建成。 ● 明洪武十五年 1382年 朱元璋特別命令設置錦衣衛，以監視或緝拿獲罪的官員。	● 明洪武十八年 1385年 戶部侍郎郭桓貪污案起。	● 明洪武二十六年 1393年 藍玉案發。	● 明洪武三十一年 1398年 朱元璋病卒，享年71歲。皇太孫朱允炆即位，是為惠帝，以明年為建文元年。
● 元至正十六年 1356年 元兵大敗劉福通於太康。								

明 1368年

1355	1360	1365	1370	1375	1380	1385	1390	1395

1396年 朝鮮

● 布拉格被定 羅馬帝國首 ● 文藝復興運 大利揭開了序 ● 薄伽丘的 》完成。	● 1355年 剛果與貝寧等獨立的國家在非洲西部發展。 ● 1358年 法國巴黎北部發生扎克雷動亂。	● 1361年 亞得里亞堡落入鄂圖曼土耳其人之手。 ● 1364年 法國最為著名的女作家克里斯蒂娜‧德‧皮桑在威尼斯出生。	● 1367年 西班牙內戰爆發。 ● 1369年 帖木兒在撒馬爾罕建國，並開始向波斯、印度和俄國等周邊國家擴展領土。	● 1375年 阿加馬克契托利亞成為阿茲特克國王。 ● 1378年 羅馬教會分裂。	● 1380年 莫斯科人擊潰蒙古人的進攻。 ● 1380年 基督教神秘主義年輕的精神領袖凱瑟琳去世。 ● 1381年 英國發生瓦特‧泰勒率領的農民叛亂。	● 1387年 英國詩人喬叟完成《坎特伯雷故事集》。 ● 1388年 統治印度的德里蘇丹國在恆河與朱木拿河開鑿的四條運河竣工。 ● 1389年 巴爾幹諸役聯軍在塞爾維亞的科索沃敗於鄂圖曼軍之手。	● 1396年 李氏王朝定都漢陽（即今日首爾漢江以北地區）。 ● 1398年 威尼斯成為統治地中海貿易的強大國家。 ● 1398年 帖木兒入侵西北印度，掠奪德里。

■ 阿茲特克曆石（太陽石）（1325－1521年）

這塊曆石直徑3.66米，重達24噸多，於1790年出土於墨西哥的扎卡羅廣場。它不僅是一塊曆石——石盤上的種種圖案和雕像是阿茲特克人關於世界命運的指南圖。

□ 始建於14世紀，是最能體現西非建築特點的建築形式。這種建築的主體框架由木材搭建，但一律在外部覆以當地的黏土，於是在很長時間之後，就形成了這種獨特的建築面貌。

德賈尼清真寺

■ 騎士（14－16世紀初）

這件赤陶藝術品出土於馬里，塑造了一個騎在馬上的男人形象。其頭部較大，嘴唇突出豐滿，眼睛圓睜，周圍有數圈條紋，下巴拉長翹起，有扇形鬍鬚。

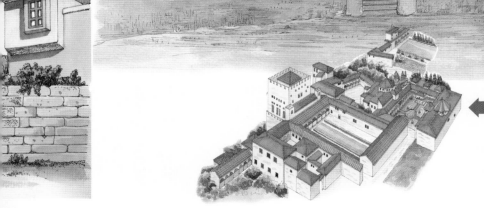

□ 始建於1397年的金閣寺位於日本京都北山，並因為寺內建有一座以黃金裝飾的水閣而得名。由於水閣在1950年毀於大火，因此重建後的閣頂上設置了一隻金色的鳳凰以示紀念。

金閣寺鳳凰台

愛爾汗布拉宮

□ 位於西班牙格拉納達地區，於14世紀分段建築完成。這座伊斯蘭風格的宮殿由多個院落構成，其中尤其以帶有獅子噴泉的庭院最為著名，而建築則以該地區特有的蜂窩拱及精美的裝飾最富於吸引力。

□ 位於北京外城的永定門大街東側，初建於明代永樂十八年（1420年）。天壇是皇帝祭天的地方，主體建築有祈年殿、祈穀壇、圜丘壇及皇穹宇，另外還有部分附屬建築，諸如祈年門、成貞門、皇乾殿、神庫、神廚、宰牲亭和齋宮等，建築形制大小不一，造型別致多樣。

明天壇

□ 製於明代宣德年間，碗的內部用金屬作胎，外表面塗朱紅漆，並剔刻有花紋。花紋圖案以兒童遊戲為題材，所以稱為嬰戲圖。人物的背景為一處庭園。人物與景致刻畫比較寫實，生動地表現出了玩耍中兒童的動人情態。

明 銅胎鍍金嬰戲圖高足碗

明 北京紫禁城

□ 即現在的北京故宮，是中國明清兩朝時的帝王宮城，為明代的成祖朱棣所建，始建時間為1406年。宮內建築分為內廷和外朝兩大部分，外朝主要建築是太和殿、中和殿和保和殿，合稱外朝三大殿，內廷是乾清宮、交泰殿、坤寧宮，合稱內廷三宮。它們均處在故宮的中軸線上。

■ **明 北京古觀象台天象儀器**

天體儀，古稱"渾象"，可以直觀、形象地了解日、月、星辰的相互位置和運動規律，北京古觀象台上的天體儀是中國現存最早的天體儀。

明建文四年 1402年 朱棣奪帝位，下詔革去建文年號，仍稱洪武。	● 明永樂三年 1405年 鄭和第一次率船隊下西洋。 ● 明永樂五年 1407年 朱棣命人修築北京城，歷時十三年完成。 ● 明永樂九年 1411年 開會通河。	● 明永樂八年 1410年 成祖親征韃靼。	● 明永樂十三年 1415年 陳誠出使西域回國，並偕其使臣同回，又有華西域記載上。 ● 明永樂十四年 1416年 鄭和復使西洋。	● 明永樂十九年 1421年 朱棣正式將都城遷至北京。 ● 明永樂二十二年 1424年 朱棣再次御駕親征阿魯台。	● 明洪熙元年 1425年 朱瞻基即位，是為宣宗，年號宣德。 ● 明宣德元年 1426年 漢王朱高煦據樂安反，後降，被廢為庶人，不久被殺。	● 明宣德十年 1435年 鄭和在第七次下西洋的返國途中去世。	● 明正統十 1449年 即于謙等 宗朱祁 位。

1400	1405	1410	1415	1420	1425	1430	1435	1440	1445

| ● 1400年 葡萄牙的航海者出發尋找通往亞洲的新航路。
● 1400年 印加帝國為了運輸和交易開始使用驛道。
● 1401年 帖木兒佔領巴格達與大馬士革。 | ● 1405年 帖木兒在遠征途中去世。
● 1406年 偉大的阿拉伯歷史學家伊本·哈爾敦去世。 | ● 1411年 印度哥加拉特的統治者阿弗瑪德·夏建都阿弗瑪德巴德。 | ● 1415年 捷克的宗教改革家胡斯被處以火刑。
● 1419年 捷克民眾反封建、反教會的胡斯戰爭開始。 | ● 1420年 佛羅倫斯的市中心開始興建聖瑪利亞大教堂。 | ● 1429年 法國少女貞德率領的軍隊取得奧爾良大捷，擊退進犯的英國軍隊。 | ● 1431年 貞德被英軍處以火刑。
● 1432年 多納太羅創作了文藝復興時期的第一尊裸體青銅像——大衛。
● 1434年 美第奇家庭開始統治意大利佛羅倫斯。 | ● 1435年 歐洲最富裕的商業碼頭布魯日，已經發展成為了世界性的城市。
● 1438年 秘魯境內的印加帝國進入發展晚期。 | ● 1440年 德國人古騰堡發明活字印刷術，使各種文化書籍大為普及。
● 1441年 尼德蘭布魯日畫家揚·凡·埃克創造了用油料作畫的新畫法。 | ● 1446年 李世宗公佈了朝鮮文字。 |

■ **貝寧頭像（15世紀初）**

這件青銅像出土於尼日利亞，是貝寧藝術鼎盛時期的作品。貝寧雕刻藝術主要是奧巴的宮廷藝術。

玉米神

□ 15世紀，墨西哥盆地的阿茲特克人正處於興盛期，人們除了建造各種神廟建築以外，還製作護佑農業的各種陶製品。而這種對玉米神的崇拜，則是一種始於瑪雅人的古老信仰。

理想城

□ 這幅15世紀晚期繪製於厄比諾公爵府中的壁畫，形象地標明了當時理想城市的面貌，即所有建築、街道和城市都按照嚴謹的比例建造。壁畫中也表現出對透視法則的遵從。

佛羅倫斯主教堂

□ 意大利佛羅倫斯主教堂穹頂，是文藝復興運動的先聲，也是古代社會著名的穹頂建築之一。為了與當地建築風格相協調，主教堂穹頂採用紅色的磚石裝飾。

巴奇禮拜堂

□ 1461年建成，由修建佛羅倫斯主教堂的建築師布魯內萊斯基設計。此時在意大利出現的巴奇家庭、美第奇家族都熱衷於為藝術活動贊助，也間接促進了意大利文藝復興的繁榮面貌。

■ **花瓣紋碗（15世紀下半葉）**

出土於伊朗西北部。其造型凝重莊嚴，碗底在黑色的底色上裝飾着五個藍色的大花瓣，中央則是一個裝飾着植物紋樣的黑色圓環。

最後的晚餐

□ 位於意大利米蘭的聖瑪利亞·德烈·格拉契修道院，因為繪畫大師達芬奇於1497年在餐廳牆壁上繪製的這幅畫而蜚聲海外。雖然這幅濕壁畫在繪製完成後沒多久即開始損壞，但直到現在還被人們小心翼翼地呵護着。

□ ■ ● 中國　　□ ■ ● 歐洲　　□ ■ ● 非洲　　□ ■ ● 亞洲　　□ ■ ● 美洲　　□ ■ ● 大洋洲

明 白雲觀壁畫

□ 白雲觀位於北京的西便門外，是一座著名的道教宮觀。觀內不但有多座道教建築，而且還藏有很多表現道教題材的字畫或壁畫。畫作的作者有唐、宋時期的，也有元、明、清時期的。本圖是一幅明代畫作，題為"群仙會視圖"，白雲飄浮、海水翻捲、青山墨綠、蒼松挺拔，山水之間的樓台之上，眾多仙人會聚。

明 艾提尕爾清真寺

□ 著名的伊斯蘭教寺院，具有 500 多年歷史。建築氣氛雄偉，總面積 16000 多平方米，是中國現存最大的伊斯蘭教禮拜寺。寺內有禮拜堂、教經堂、門樓、塔及一些附屬建築。寺院坐西朝東，大門開在東南角，門樓高達 12 米，兩邊以院牆連接着左右高約 18 米的宣禮塔。

明 沈周廬山高圖

沈周（1427 - 1509 年）是吳門畫派的宗師，與唐寅、文徵明、仇英合稱"明四家"。這是沈周為祝賀老師陳寬七十壽辰的精心之作，以寫廬山之"高"來表達他對老師的推崇之意。

明十三陵

□ 位於北京昌平區北的天壽山，因為埋葬着明代的十三位皇帝，所以稱為"十三陵"。陵區內埋葬的第一位皇帝是明成祖朱棣，朱棣陵為長陵。這個陵區的地址也是朱棣選定，背倚高山，前部開敞，並有龍山、虎山夾護，風水絕佳。

●...元年 朱祁鎮自瓦...閒居南宮。	● 明天順元年 1457 年 被救回的英宗朱祁鎮，調兵奪取宮門，史稱"奪門之變"。	● 明天順四年 1460 年 陝西慶陽天降大隕石，致使數以萬計的人死傷。 ● 明天順八年 1464 年 數萬流民舉事反抗，沉重打擊了明王朝的統治。	● 明成化元年 1465 年 劉通於鄖陽起事，自稱漢王，建元德勝，攻打襄陽等處。 ● 明成化三年 1467 年 揚州"鹽寇"起事。	● 明成化八年 1472 年 韃靼侵擾延綏、固原、平涼等地。	● 明成化十三年 1477 年 設西廠，令太監汪直領之。	● 明成化十七年 1481 年 定五年大審之制。	● 明成化二十三年 1487 年 朱祐樘即位，以明年為弘治元年，是為孝宗。	● 明弘治五年 1492 年 明朝廷派兵援助朝鮮。 ● 明弘治六年 1493 年 黃河在張秋鎮決口，孝宗朱祐樘命浙江左布政使劉大夏前往指揮治理。	● 明弘治十年 1497 年 崇明兼隸太倉州。
1455	**1460**	**1465**	**1470**	**1475**	**1480**	**1485**	**1490**	**1495**

▶ 1458 年 都鐸王朝

●...土耳其人攻...旦丁堡。 ● 百年戰爭結...軍從加來以外...領土撤退。	● 1455 年 特諾奇蒂特蘭建成了巨大的神殿。 ● 1455 年 英國的約克與蘭開斯特兩大封建家族開始爭奪王權的玫瑰戰爭。 ● 1458 年 英國都鐸王朝建立。	● 1460 年 美洲大陸上的瑪雅文化被滅亡。 ● 1462 年 意大利佛羅倫斯建立柏拉圖學園，開始將柏拉圖等哲學家的著作翻譯為拉丁文。 ● 1463 年 鄂圖曼帝國和威尼斯之間爆發了長達十六年的戰爭。	● 1467 年 日本發生連續十年的應仁之亂。	● 1471 年 印加帝國的領土擴張到玻利維亞、智利和阿根廷。 ● 1473 年 哥白尼首次提出日心說。	● 1479 年 威尼斯與鄂圖曼議和。威尼斯仍然佔據東地中海的據點，但須每年向鄂圖曼支付巨額資金。 ● 1479 年 西班牙統一。	● 1480 年 莫斯科的伊凡三世成為第一位沙皇。 ● 1480 年 莫斯科人在伊凡三世領導下取得了烏格拉河戰役的勝利，結束了蒙古人200 多年的統治。	● 1486 年 越南成為中南半島上最強盛的國家。 ● 1487 年 在阿茲特克人的首都進行的祭典中，2 萬名戰俘遭到屠殺。 ● 1488 年 葡萄牙人迪亞士繞過好望角回國。	● 1490 年 威尼斯畫派興起。 ● 1492 年 哥倫布發現美洲大陸。 ● 1493 年 阿斯基亞·穆罕默德統治的加奧王國成為佔據西非的大帝國。	● 1497 年 約翰·卡伯特到達美洲的拉布拉多海岸，打破了只允許西班牙航海探險的條約。 ● 1498 年 達伽馬開闢通往印度的新航路。

馬丘比丘城

□ 遺址位於秘魯南部安第斯山脈中，約建於 15 - 16 世紀，是古印加帝國的大型城市和祭祀區。馬丘比丘城有貴族和神廟聚集的上區和平民居住的下區，還有順山勢開墾的大片梯田。

哀悼基督

□ 1499 年，24 歲的米開朗基羅完成了這座偉大的雕像，他創新地將聖母塑造為永遠不會衰老的年輕女子形象，而且這是米開朗基羅唯一留有題名的作品。

聖瑪麗亞教堂

□ 15 世紀末期建成的聖瑪麗亞小教堂，坐落在水城威尼斯的河岸邊。教堂綜合了早期拜占庭與哥德式的雙重風格，其外部以黃、紅、綠等各色大理石鑲嵌，極為華麗多彩。

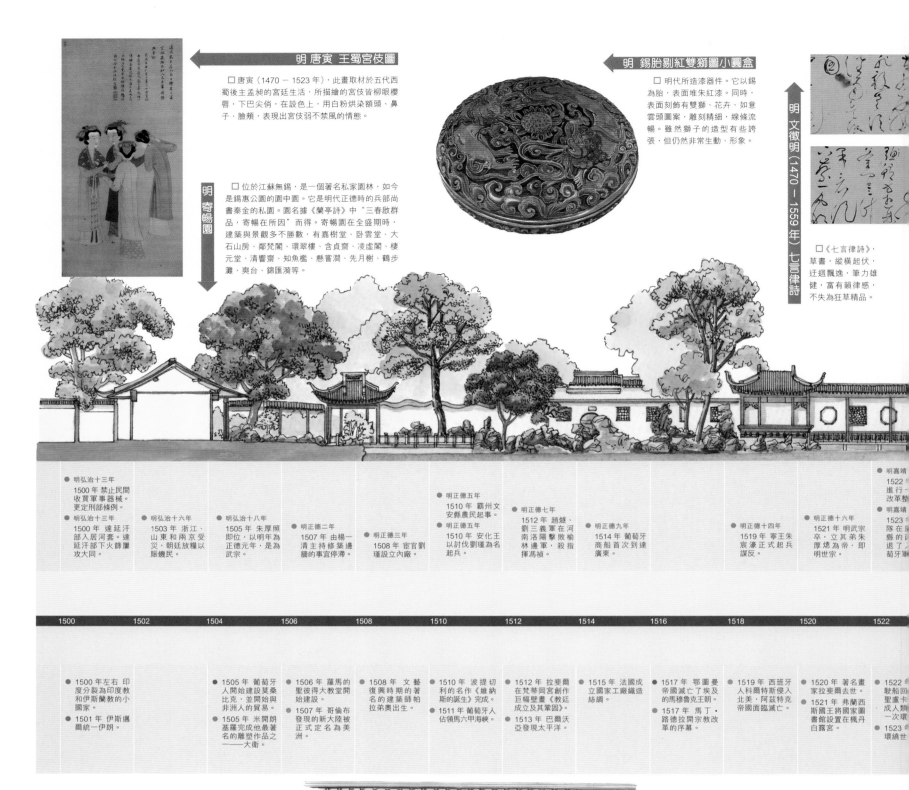

明 唐寅 王蜀宮伎圖

□唐寅（1470－1523年），此畫取材於五代西蜀後主孟昶的宮廷生活，所描繪的宮伎皆柳眼櫻唇，下巴尖俏，在設色上，用白粉烘染額頭、鼻子、臉頰，表現出宮伎弱不禁風的情態。

明 寄暢園

□位於江蘇無錫，是一個著名私家園林，如今是錫惠公園的園中園。它是明代正德時的兵部尚書秦金的私園。園名據《蘭亭詩》中"三春啟群品，寄暢在所因"而得。寄暢園在全盛期時，建築與景觀多不勝數，有嘉樹堂、臥雲堂、大石山房、鄴梵閣、環翠樓、含貞齋、凌虛閣、棲元堂、清響齋、知魚檻、懸嘗澗、先月榭、鶴步灘、爽台、錦匯漪等。

明 錫胎剔紅雙獅圖小圓盒

□明代所造漆器件。它以錫為胎，表面堆朱紅漆。同時，表面刻飾有雙獅、花卉、如意雲頭圖案，雕刻精細，線條流暢。雖然獅子的造型有些誇張，但仍然非常生動、形象。

明 文徵明（1470－1559年）七言律詩

□《七言律詩》，草書，縱橫起伏，迂迴飄逸，筆力雄健，富有韻律感，不失為狂草精品。

- 明弘治十三年
  1500年禁止民間收買軍事器械。更定刑部條例。
- 明弘治十三年
  1500年達延汗部入居河套。達延汗部下火篩屢攻大同。
- 明弘治十六年
  1503年浙江、山東和兩京受災，朝廷放糧以賑饑民。
- 明弘治十八年
  1505年朱厚照即位，以明年為正德元年，是為武宗。
- 明正德二年
  1507年由楊一清主持修築邊牆的事宜停滯。
- 明正德三年
  1508年宦官劉瑾設立內廠。
- 明正德五年
  1510年霸州文安縣農民起事。
- 明正德五年
  1510年安化王以討伐劉瑾為名起兵。
- 明正德七年
  1512年趙鐩、劉三義軍在河南洛陽擊敗楡林邊軍，殺指揮馮禎。
- 明正德九年
  1514年葡萄牙商船首次到達廣東。
- 明正德十四年
  1519年寧王朱宸濠正式起兵謀反。
- 明正德十六年
  1521年明武宗卒，立其弟朱厚熜為帝，即明世宗。
- 明嘉靖
  1522年進行一改革整
- 明嘉靖
  1523年隊在屋縣的詞退了葡萄牙軍

| 1500 | 1502 | 1504 | 1506 | 1508 | 1510 | 1512 | 1514 | 1516 | 1518 | 1520 | 1522 |

- 1500年左右印度分裂為印度教和伊斯蘭教的小國家。
- 1501年伊斯邁爾統一伊朗。
- 1505年葡萄牙人開始建設莫桑比克，並開始與非洲人的貿易。
- 1505年米開朗基羅完成他最著名的雕塑作品之一——大衛。
- 1506年羅馬的聖彼得大教堂開始建設。
- 1507年哥倫布發現的新大陸被正式定名為美洲。
- 1508年文藝復興時期的著名畫家帕拉弟奧出生。
- 1510年波提切利的名作《維納斯的誕生》完成。
- 1511年葡萄牙人佔領馬六甲海峽。
- 1512年拉斐爾在梵蒂岡宮創作巨幅壁畫《教廷成立及其筆園》。
- 1513年巴爾沃亞發現太平洋。
- 1515年法國成立國家工廠織絲綢。
- 1517年鄂圖曼帝國滅亡了埃及的馬穆魯克王朝。
- 1517年馬丁·路德拉開宗教改革的序幕。
- 1519年西班牙人科爾特斯侵入北美，阿茲特克帝國面臨滅亡。
- 1520年著名畫家拉斐爾去世。
- 1521年弗蘭西斯國王將國家圖書館設置在楓丹白露宮。
- 1522年駁船回聖成人一次環一次環繞世

雅典學院

□拉斐爾構想的一幅以古典人物為題材的濕壁畫作品，圖中出現了並肩而站的柏拉圖與亞里士多德、與年輕人爭論的蘇格拉底、畢達哥拉斯等人物，這種跨越時空的聚會也是文藝復興時期流行的表現題材。

蒙娜麗莎

□達芬奇於1503年為一富商的年輕妻子所作，也是他三幅著名的女人肖像中最為著名的一幅。另兩幅貴婦肖像分別為1458年所作的《慈西莉亞·卡拉拉妮》和1474年所作的《吉諾弗拉·德·班奇》。

拉斐爾宮

□公元1512年，由文藝復興時期著名建築師布拉曼特設計，因著名的畫家拉斐爾曾經在此居住，而被命名為拉斐爾宮，但現在已經不存在。

| □■● 中國 | □■● 歐洲 | □■● 非洲 | □■● 亞洲 | □■● 美洲 | □■● 大洋洲 |

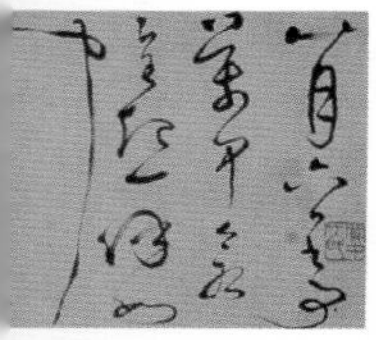

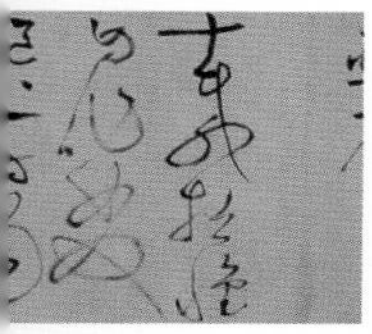

明 天壇天庫

□ 在北京天壇中，連接祈穀壇與圜丘壇的甬道中部偏南，建有天庫建築群，是圜丘壇建築的一部分。天庫是一組獨立的圓形小院，包括主殿、左右配殿、前部的券門和圓形的圍牆，是用來藏放圜丘祭天時所供神祇牌位的地方，所以又稱為"圜丘寢宮"。天庫的主殿叫做皇穹宇。

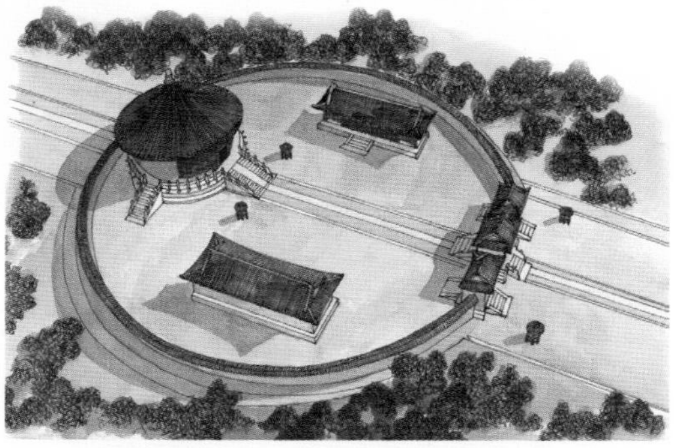

明 皇史宬

□ 皇史宬是明清時期皇家珍藏寶訓、實錄的地方，位於現在的北京東城南池子大街 16 號。皇史宬建於明代嘉靖十三年（1534 年），是一處平面呈長方形的建築群，主要建築有門、主殿、東西配殿、御碑亭。主殿也名皇史宬，面闊九開間，廡殿頂。因為樑、柱、斗拱、窗樓等均由石材料製成，所以又稱石室。

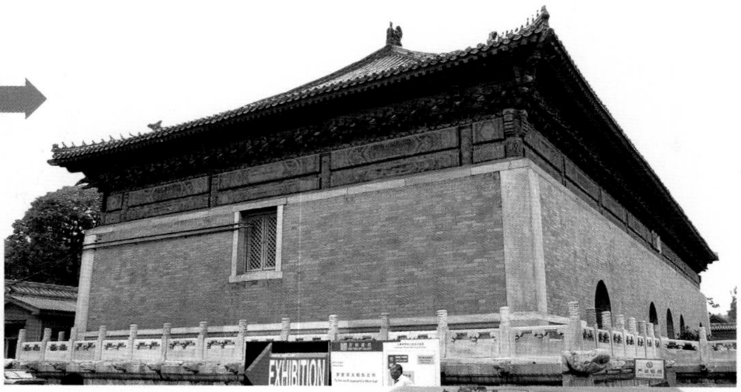

明 青花松竹梅三羊紋碗

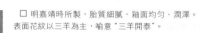

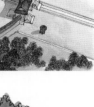

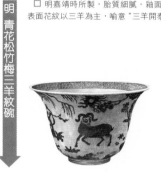

□ 明嘉靖時所製，胎質細膩，釉面均勻、潤澤。表面花紋以三羊為主，喻意"三羊開泰"。

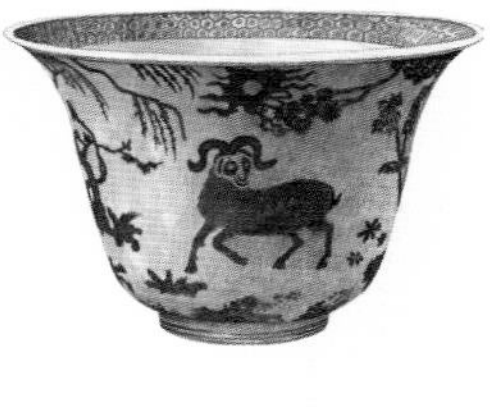

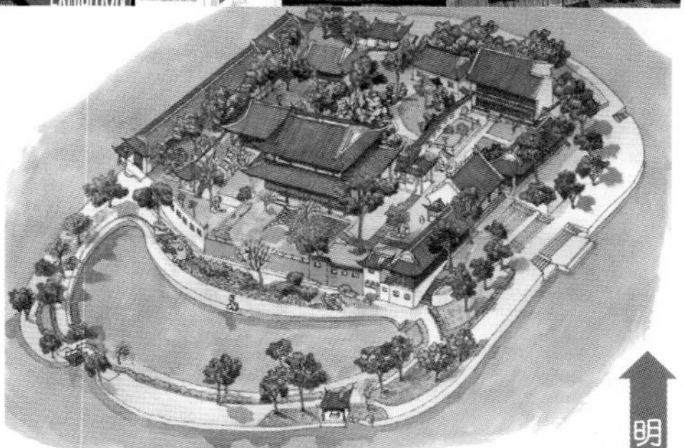

明 嘉興煙雨樓

□ 明代嘉靖二十七年（1548 年），嘉興知府徵民疏浚南湖河道，將淤泥堆於湖中央形成小島，又於島上建煙雨樓，既疏通了河道又形成了別樣的湖島景觀。嘉興煙雨樓高二層，重簷歇山頂，灰瓦紅牆，高台石欄，臨水依樹，煙雨之中景致最妙。後乾隆皇帝在承德避暑山莊內的湖區青蓮島上仿建。

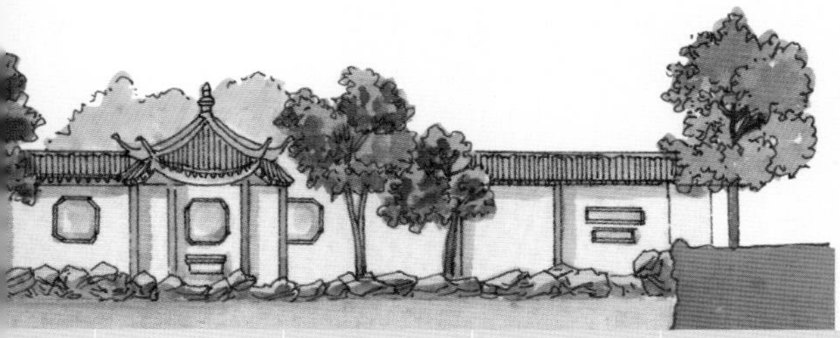

三年
朱厚熜的親生尊號，群臣反果一干嚴厲處至因此

- 明嘉靖十四年
  1535 年 葡萄牙殖民者買通明指揮黃慶，將市舶司移至壕境（今澳門）。
- 明嘉靖十五年
  1536 年 朱厚熜親自選陵址並開始建陵，是為永陵。
- 明嘉靖十六年
  1537 年 安南遣使告莫登庸奪國之難。
- 明嘉靖十七年
  1538 年 明朝廷命毛伯溫等人統兵援助安南擊莫登庸。
- 明嘉靖二十一年
  1542 年 宮人楊金英等人謀害世宗，未成。
- 明嘉靖二十四年
  1545 年 朝廷下詔有司招流民復業，並給予耕牛、種子。有墾荒田者，免賦十年。
- 明嘉靖二十六年
  1547 年 明朝再修偏東一段長城，這是明長城的最後一項工程。
- 明嘉靖二十六年
  1547 年 朝廷任命朱紈為浙江巡撫，負責抵抗東南沿海的倭寇。
- 明嘉靖二十八年
  1549 年 俺答犯宣府。
- 明嘉靖二十八年
  1549 年 朱紈巡視浙閩，整頓海防已具規模。

1526 | 1528 | 1530 | 1532 | 1534 | 1536 | 1538 | 1540 | 1542 | 1544 | 1546 | 1548

1526 年 莫卧兒帝國

莫斯科里三世統得統一。
德軍在擊敗了法繩槍的使場戰爭勝定因素。

- 1526 年《聖經》的第一個英譯本由威廉・丁道爾完成。
- 1526 年 帖木兒後裔巴卑爾侵入印度北部滅德里蘇丹國，建立莫卧兒帝國。
- 1530 年左右 葡萄牙人越過大西洋，開展奴隸貿易。
- 1530 年 英王亨利八世授權克倫威爾發動反對羅馬天主教會的宗教改革活動。
- 1534 年 法國探險家卡蒂埃到達加拿大，宣佈此地歸法國所有。
- 1535 年 西班牙人征服古印加帝國，並建立利馬城為秘魯首都。
- 1539 年 印度錫克教教主那納克去世。
- 1540 年 耶穌會獲得合法地位。
- 1541 年 法國倡導宗教改革並創立喀爾文教派的尚・喀爾文流亡日內瓦。
- 1542 年 科西莫・美第奇創立比薩大學。
- 1543 年 第一本現代解剖學的專業書籍《人體構造》，由安德里亞・維薩里編著完畢。
- 1545 年 特蘭托會議在意大利召開。
- 1548 年 老撾國王在萬象為玉佛像興建大舍利塔。
- 1549 年 巴黎波格納宮劇院開幕，這是第一座全部被屋頂覆蓋的劇院。

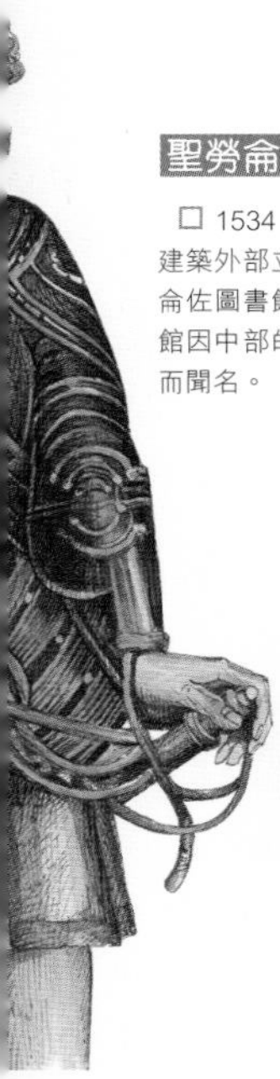

聖勞倫佐圖書館階梯

□ 1534 年，米開朗基羅大膽地將建築外部立面的裝飾手法應用在聖勞倫佐圖書館建築內部，使得整個圖書館因中部的米開朗基羅設計的小樓梯而聞名。

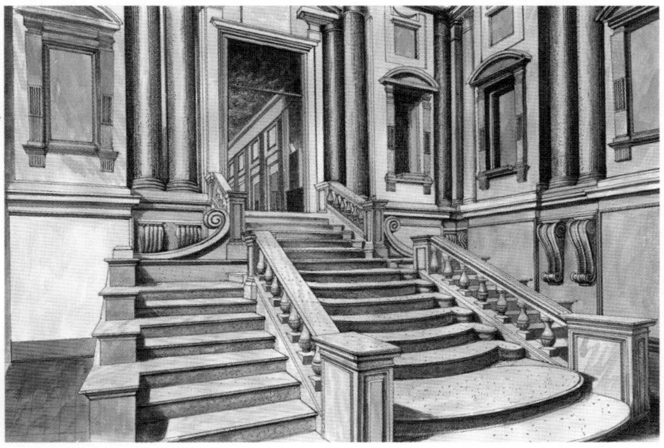

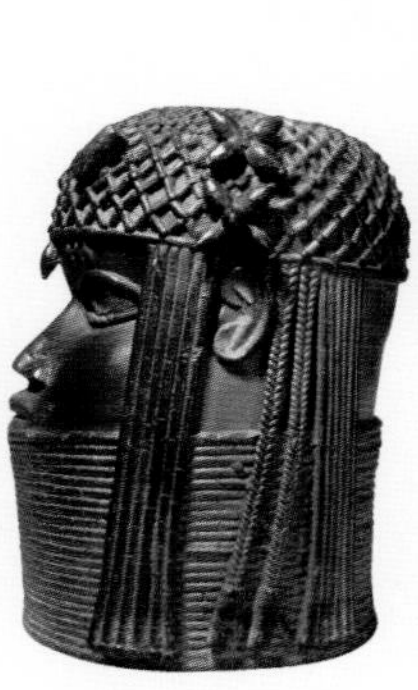

■ **母后頭像**（16 世紀初）
這件青銅製的藝術品出土於尼日利亞貝寧城。作品鑄造精美，注重感情的表現，是貝寧藝術高峰的代表作。

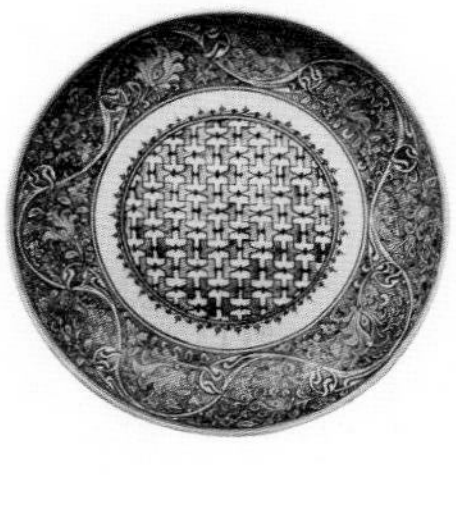

■ **幾何紋盤**（1525－1530 年）
發現於敘利亞，邊沿上裝飾着常有樹葉的藤條樣的紋樣，裝飾精細，優雅莊重。

9 年，西班牙人斷進入阿茲特克人，並於 1520 年正命名為墨西哥，開班牙對墨西哥長達的殖民統治。

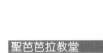

聖芭芭拉教堂

□ 位於波希米亞中部的庫那哈地區，建於公元 1548 年。由於此地是一處著名的銀礦產地，而且教堂也由礦業所得收入建造，所以在教堂中還出現了銀礦工人的形象。

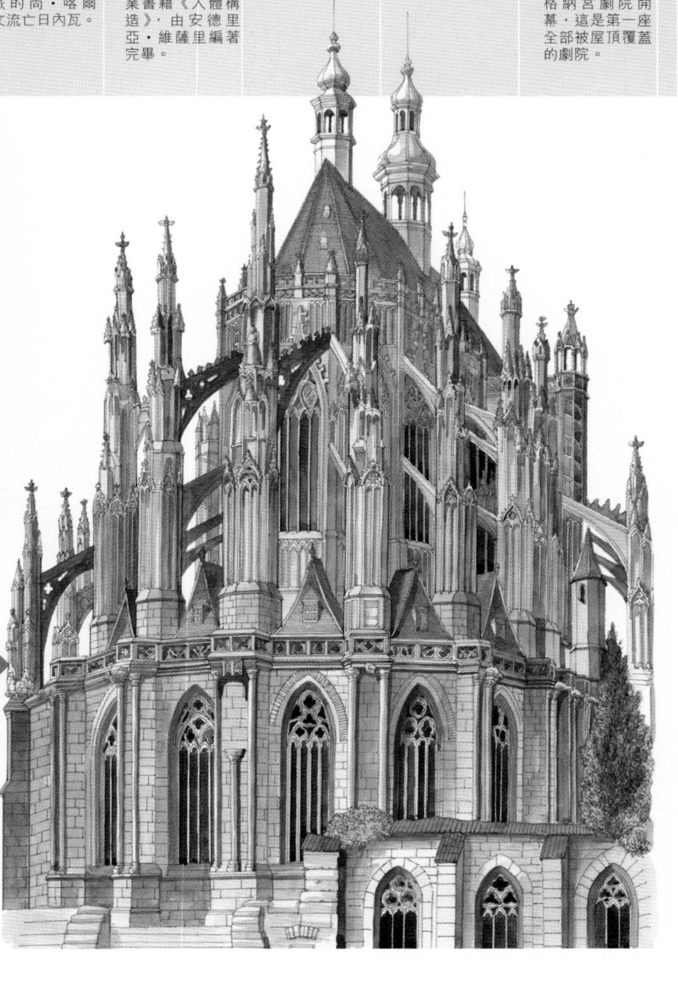

明 紅地纏枝蓮紋葫蘆瓶

□ 紅底金花為明代常見的纏枝花。纏枝花又稱串枝花、長青藤，花枝呈波狀捲曲，又相互纏繞穿插，表示永遠常青和連綿不斷，意義吉祥。在紅底色上使用金色纏枝花，既有纏枝花的柔美，又有金色的濃烈與富貴之氣。

明 雙林寺韋馱像

□ 位於山西平遙的雙林寺千佛殿中，自在觀音旁邊侍立的這尊韋馱像，是明代彩塑藝術中少有的傑作。韋馱一身戎裝，盔明甲亮，挺胸收腹，雄健威武。這尊韋馱塑像最為人稱道的地方就是他那扭轉的身形，誇張地呈現出"S"形。但這種誇張並不讓人感覺過度，而是充滿彈力，剛中帶柔，靜中寓動。

明 海水江牙

□ 是明清時期的官服裝飾紋樣，又作海水江涯，多繡在官服下襬。紋樣以波浪翻滾的海水為主。本圖是一幅圓形構圖的海水江牙刺繡，海水如魚鱗，上有浪花飛濺，一輪紅日由海面冉冉升起，祥雲展鶴、草龍圍舞。整體色彩凝重而華美。

□ 徐渭（1521－1593），字文清，後改字文長，別號青藤、天池、田水月等，山陰（今浙江紹興）人，中國明代傑出的文學藝術家，列為中國古代十大名畫家之一。該冊十八頁，其中畫十五頁，分別作寫意山水人物、寫生花卉等。筆墨簡括豪放，隨意自然。

明 徐渭花卉山水人物圖冊

	● 明嘉靖三十二年 1553年 葡萄牙人竊據澳門作為其侵略中國的根據地。	● 明嘉靖三十三年 1554年 明朝廷下詔更定鹽法。		● 明嘉靖三十八年 1559年 戚繼光奏請朝廷募兵操練，成立戚家軍。		● 明嘉靖四十五年 1566年 海瑞冒死給二十年不視朝政的皇帝上疏。

● 明嘉靖三十二年 1555年 明軍破倭寇於王江涇。
● 明嘉靖三十四年 1555年 戚繼光從山東調往浙江任參將，開始抗倭。
● 明嘉靖三十六年 1557年 葡萄牙侵佔澳門作為貿易據點。
● 明嘉靖四十年 1561年 兵部右侍郎范欽建天一閣，為中國現存最早的私家藏書樓。
● 明嘉靖三十八年 1559年 明代著名學者楊慎辭世。
● 明嘉靖四十一年 1562年 嚴嵩被罷官。
● 明嘉靖四十二年 1563年 戚繼光大破倭寇於平海衛。
● 明嘉靖四十四年 1565年 皇帝下詔罷黜內閣嚴嵩為民，同將其子嚴世藩處斬。
● 明隆慶元年 1567年 重錄成永樂大典、戶部尚書葛守禮論"一條鞭法"及"一串鈴法"的弊端。
● 明嘉靖二十九年 1550年 庚戌之變，俺答汗入侵。
● 明隆慶二年 1568年 始行人痘接種術。
● 明隆慶五年 1571年 明封俺答汗為順義王。
● 明隆慶 1572年 即位，曆，是

1550	1552	1554	1556	1558	1560	1562	1564	1566	1568	1570	1572

▶ 1569年 波蘭立陶宛王國

● 1551年 鄂圖曼土耳其與匈牙利因爭奪敘利亞而開戰。
● 1553年 發現血液通過肺進行循環的醫生米歐爾‧塞爾維特被處以火刑。
● 1555年 莽應龍統一緬甸。
● 1556年 伊凡四世統治的俄國佔領伏爾加河流域和烏拉爾山脈以西，開始向西伯利亞地區擴展。
● 1558年 英國進入伊利莎白一世女王執政期。
● 1559年《至尊法案》獲得通過，羅馬教皇在英國的權威被取消。
● 1560年 英國實行以金幣代替銀幣的新幣制。
● 1562年 西班牙軍隊開始與法國人爭奪佛羅里達的殖民統治權。
● 1563年 由彼得‧布魯格爾繪製的名畫《巴別塔》創作完成。
● 1564年 米開朗基羅完成西斯廷聖母教堂天頂畫。
● 1565年 英國呢絨與毛紡織業崛起，引發國內大面積的圈地運動。
● 1569年 波蘭與立陶宛在盧布林重新簽訂聯盟條約，兩國正式合併，建立波蘭立陶宛王國。
● 1571年 鄂圖曼土耳其帝國在勒班陀海戰中慘敗於西班牙、威尼斯和教皇組成的聯合艦隊之手。
● 1572年 瑟琳統治發動屠殺的聖巴屠殺事件

聖瓦西里升天教堂

□ 素有"恐怖伊凡"之稱的俄羅斯皇帝於1550年下令建造這座教堂。教堂被建得五彩繽紛，彷彿是一座迷幻的馬戲場。

佛羅倫斯戰勝比薩

□ 來自法國的雕塑家波洛尼亞是米開朗基羅的學生，他幾乎終生為意大利佛羅倫斯最強大的美第奇家族工作。此時的雕刻已經呈現出向自由的巴洛克風格過渡的傾向。

愛斯科里爾宮

□ 1582年，西班牙國王菲力普二世主持修建這座綜合性宮殿建築。建築本身規則、冷峻的外觀更像是一座監獄，這也正是當時極度禁慾主義宗教信念的反映。

□ ■ ● 中國　　□ ■ ● 歐洲　　□ ■ ● 非洲　　□ ■ ● 亞洲　　□ ■ ● 美洲　　□ ■ ● 大洋洲

明 上海潘允端豫園

口豫園原是明代四川布政使潘允端為了侍奉他的父親而建造的，取"豫悅老親"之意，故名為"豫園"，是著名的江南古典園林。

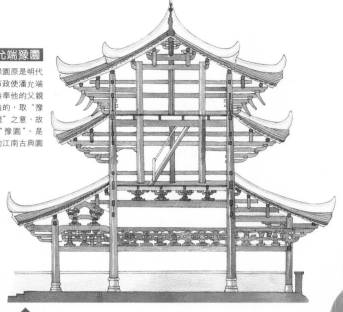

明 宋旭（1525－約1606）達摩面壁圖

此圖繪著菩提達摩面壁打坐、苦行修煉的情形。達摩為中國佛教禪宗的始祖，畫中人物不重線條勾畫，而以大面積色塊渲染，以艷麗反襯出人物清心禪定的內心。

明 瑞鵲銜花錦

錦是色彩艷麗的花紋品，示是指帶有艷麗花紋的織品。本圖即是飾有瑞鵲花紋的織錦，可謂錦上添花。

明 青花海水雲龍紋大罐

明代萬曆年間的青花瓷是晚明製瓷業的高峰時期，所用青花原料已經完全國產化，為清代的康熙青花五色奠定了基礎。

明 廣西容縣真武閣

口真武閣高三層，在樓內當心間有一個正方形的井口，邊長約5.6米。真武閣在木構架上最大的特點就是金柱不落地。四根巨大的金柱離地懸空，距離地面約3厘米。樓閣在結構上利用了槓桿原理，通過兩種方向相反的推力的對抗來求得平衡，大膽而富有創造性。

明 金絲襆頭

金冠是皇帝的常服冠戴。這件定陵出土的金絲襆頭其形制由前屋、後山和金摺角三部分組成，全係金製，是一件精美絕倫的藝術珍品。

- 明萬曆六年
  1578年 下令清丈全國土地。
- 明萬曆六年
  1578年 李時珍著成傳世醫書《本草綱目》。
- 明萬曆九年
  1581年 張居正在全國推行一條鞭法。
- 明萬曆十年
  1582年《西遊記》的作者吳承恩去世。
- 明萬曆十年
  1582年 意大利天主教士利瑪竇來到中國。
- 明萬曆十五年
  1587年 海瑞死於南京右都御史任上，人民因愛之而為之罷市致哀。
- 明萬曆十五年
  1587年 一代抗倭名將戚繼光病逝。
- 明萬曆二十一年
  1593年《本草綱目》未及刊印，李時珍便與世長辭。
- 明萬曆二十二年
  1594年 顧憲成與高攀龍、史孟麟等人講學於東林書院，漸形成東林一派。
- 明萬曆二十五年
  1597年 日本侵略者大舉入侵朝鮮，明王朝第二次派遣軍隊跨過鴨綠江支援朝鮮。
- 明萬曆二十六年
  1598年 湯顯祖寫成傳奇劇本《牡丹亭》。

| 1576 | 1578 | 1580 | 1582 | 1584 | 1586 | 1588 | 1590 | 1592 | 1594 | 1596 | 1598 |

▶ 1581年 荷蘭共和國

▶ 1584年 暹羅（泰國）王國

▶ 1589年 波旁王朝

- 葡萄牙王安哥拉
- 1577年 德雷克在英國女王的支持下開始環球旅行，到達南美洲。
- 1578年 古羅馬時期的墓穴被發現，引發了又一場古典回歸熱。
- 1580年 西班牙合併葡萄牙。
- 1581年 荷蘭北部七省成立荷蘭共和國。
- 1584年 暹羅對緬甸的附屬關係結束。
- 1584年 馬德里郊外的艾斯尤利阿爾宮殿完成。
- 1585年 約翰·戴維斯發現巴芬島與大西洋之間的海峽。
- 1586年 莫臥兒在阿克巴大帝的統治下達到極盛。
- 1587年 英國在美洲建立弗吉尼亞州。
- 1588年 西班牙的無敵艦隊被英國海軍打敗。
- 1589年 亨利四世繼位為法國國王，波旁王朝在法國的統治開始。
- 1590年左右 緬甸分裂。
- 1590年 現代最成功的外科醫生安布·羅斯帕雷去世。
- 1590年 織田信長與豐臣秀吉基本統一日本。
- 1592年 豐臣秀吉發動了侵略朝鮮的戰爭。
- 1592年 老撾國王下令建造維蘇寺，並開始將佛經翻譯成老撾文字。
- 1594年 丁托列托的作品《最後的晚餐》繪製完成。
- 1597年 朝鮮民眾在李舜臣將軍的領導下戰勝日本侵略軍，取得以少勝多的鳴梁海大捷。
- 1598年 荷蘭在西非的幾內亞海岸設立貿易據點。
- 1598年 俄國進入混戰時期。

耶穌會教堂

於意大利羅馬城中，是文藝復興時期的建築大師維諾拉設計。維諾拉在這座教堂中使用的對稱巨柱式支架花紋，以及上下兩層遞進的立面形式，也是16世紀立面的典型形象。

有阿拉伯文字裝飾的瓷磚（1591－1592年）

此瓷磚出土於敘利亞，上面書寫了許多阿拉伯裝飾文字，藍色和白色的對比使畫面顯得和諧寧靜。

貝寧浮雕飾板（16世紀）

這塊採用失蠟法鑄造的黃銅飾板，出土於尼日利亞的貝寧城，被用來裝飾宮殿的立柱和橫樑。其圖案包括對國王權力的頌揚以及貝寧宮廷生活和典禮儀式的記錄。

明 菊花牡丹紋錦

□ 菊花是長壽的象徵，牡丹是富貴的象徵。牡丹和菊花的組合表示長命富貴。而使用纏枝纏繞、連連不斷的纏枝花將菊花與牡丹連接，又表示永遠常青、連綿不斷。因此，這裏的纏枝花和牡丹、菊花紋錦，就有着象徵富貴與幸福長留永存的喻意。

明 靈隱寺大佛像

□ 這尊杭州靈隱寺大佛像造於明代，是中國古代佛教造像中的精品之作。佛像高九米，為釋迦牟尼說法像，銅質鎏金，螺眼奪目。佛像結跏趺坐於精美的蓮花台上，身穿通肩祖胸裂袈，右手輕按右膝，左手輕抬做說法印，頭部微微前傾，低眉斂目，寶相莊嚴而慈祥。

■ 明 董其昌 秋興八景圖冊

此冊為董其昌（1555－1636 年）於明萬曆四十八年八、九月間泛舟吳門、京口途中所作。構圖精巧，意境高遠，韻味十足。

								後金天命三年 1618 年 努爾哈赤以 "七大恨" 告天，正式叛明。	明泰昌元年 1620 年 朱由校即皇帝位，是為熹宗，改次年為天啟元年。	明天啟 1623 年 宗建薦秉筆太賢，黨
	明萬曆三十四年 1606 年 雲南稅使太監楊榮肆為殘虐，草菅人命，激起民憤，逼使人民多災焚燒稅廠。					後金天命元年 1616 年 努爾哈赤即汗位於赫圖阿拉，國號金（史稱後金），建元天命。				
明萬曆二十九年 1601 年 利瑪竇定居北京。		明萬曆三十六年 1608 年 努爾哈赤與明遼東副將及撫順所備御盟，立碑於沿邊。		明萬曆四十年 1612 年 河套韃靼犯保寧，延綏兵敗。		明萬曆四十七年 1619 年 楊鎬以四路明軍進攻後金，大敗於撫順清。	後金天命六年 1621 年 後金努爾哈赤領兵攻佔了瀋陽、遼陽等地。		明天啟 王宇宗事。命提督東	
	明萬曆三十五年 1607 年 徐光啟譯成《幾何原本》。				明萬曆四十三年 1615 年 梃擊案。					

1603 年 巴爾梅斯黑人共和國

1600	1602	1604	1606	1608	1610	1612	1614	1616	1618	1620	1622

	1603 年 日本進入由德川家康統治的江戶時代。	1604 年 越南在順化興建天姥寺，標誌着大乘佛教在越南國內的復興。	1606 年 來自歐洲的荷蘭人登陸澳大利亞。	1608 年 創作《失樂園》的英國文學家密爾頓誕生。	1610 年 伽利略提出了以太陽為中心的地動說。	1612 年 日本發出基督教禁止令。	1614 年 納皮爾發明對數表。	1616 年 塞萬提斯完成他的著作《唐吉訶德》。	1618 年 布拉格人民舉行起義，其間發生了 "擲出窗外事件"。	1621 年 到達馬薩諸塞的分離派教徒為了最初的收穫舉行感恩節。	
1600 年 英國東印度公司成立。	1603 年 巴西巴爾梅斯黑人共和國建立。	1605 年 錫克教徒在阿姆里茨爾建成黃金寺院。		1609 年 格勞秀斯發表《公海論》，提出公海航行自由理論。	1610 年 德國國內福音聯盟與神聖同盟兩大教派間的 30 年戰爭爆發。	1613 年 俄國開始進入羅曼諾夫王朝統治時期。			1618 年 荷蘭人與葡萄牙人為爭奪東印度群島交戰。		
1601 年 莎士比亞進入創作高峰，寫出《哈姆雷特》和《李爾王》等作品。											

姬路城

□ 位於日本姬路市，1614 年建成，是一座得到完好保存的古城堡。姬路城的主體建築天守閣建在城中心，由於城中的建築都被粉刷成白色，屋頂又極具動感，因此又被日本人稱為白鶴。

□ 羅馬城的最高點聖彼得大教堂穹頂，由 72 歲的米開朗基羅負責設計並監督施工，但米開朗基羅沒到穹頂建成就去世了。傳說偉大的畫家達文西也曾經嘗試大穹頂的設計工作。

聖彼得大教堂穹頂

□ ■ ● 中國　　□ ■ ● 歐洲　　□ ■ ● 非洲　　□ ■ ● 亞洲　　□ ■ ● 美洲　　□ ■ ● 大洋洲

故宮是滿族人建立的清政權的早期皇宮，分為東、中、西三路。西路最晚修建，時間最晚；中路為皇太極修建，時間居第二；東路建築由努爾哈赤於 1624 年修建。本圖即是東路建築群，主要由大政殿組成。大政殿居中居上，為主，十王亭居下，排列於兩側，有如眾星拱月，主次分明。

■ 明 藍瑛 仿張僧繇山水
藍瑛（1585 − 1666 年）沒骨青綠以六朝畫家張僧繇為宗，此圖以青綠重彩畫山巒臨水，濕潤厚重，鮮麗燦爛，富有雍容富麗的情調。

□ 鳳是中國古代傳說中一種美麗的神鳥，被視為百鳥之王，祥瑞、美好。這幅雲鳳燈籠紋妝花緞的圖案，以雲、鳳、燈籠為主，燈籠下面鈎著兩條小魚，吉祥喜慶。畫面內容豐富，色彩富麗，氣氛熱烈。

1626	1628	1630	1632	1634	1636	1638	1640	1642	1644	1646	1648

● 明天啟六年 1626 年 明將袁崇煥領軍在寧遠與努爾哈赤率軍隊展開大戰，戰勝。

● 明天啟七年 1627 年 繼承努爾哈赤汗位的皇太極出兵攻明，直逼北京。

● 明崇禎元年 1628 年 高迎祥率眾起事，自稱闖王。

● 明崇禎二年 1629 年 定魏忠賢逆案。

● 明崇禎三年 1630 年 皇太極利用反間之計，讓崇禎皇帝殺了袁崇煥。

● 明崇禎四年 1631 年 明以洪承疇總督三邊軍務。

● 明崇禎五年 1632 年 孔有德至登州，耿仲明開城接納。

● 明崇禎七年 1634 年 高迎祥、李自成被困車箱峽，李自成等以偽降突出重圍。

● 清崇德元年 1636 年 四月，皇太極稱帝，改女真為滿族，改國號後金為清，改元崇德。

● 明崇禎十年 1637 年 宋應星所著的科學巨作《天工天物》完成並刊行。

● 明崇禎十二年 1639 年 清兵破濟南，俘虜王朱由樞，改次年為崇禎十三年 李自成進入河南。

● 明崇禎十三年 1640 年 李自成進入河南。

● 明崇禎十五年 1642 年 荷蘭侵佔台灣。

● 清崇德八年 1643 年 清太宗皇太極逝世，其第九子福臨繼帝位。改次年為順治元年。

● 明崇禎十七年 1644 年 李自成進北京，崇禎皇帝吊死煤山，明朝滅亡。清朝入主中原。

清 1644 年

● 荷蘭人於紐約建立貿易據點，並命名為新阿姆斯特丹。

● 1626 年 現代科學與哲學創始人弗蘭西斯·培根逝世。

● 1628 年 英國傑出的醫生和生理學家威廉·哈維出版了《心血運動論》，提出了血液循環學說。

● 1630 年 發現橢圓行星軌道的天文學家開普勒逝世。

● 1633 年 伽利略因宣揚日心說而被教會囚禁。

● 1632 年 沙·賈汗建設位於印度阿古拉的泰姬陵。

● 1637 年 日本實行閉關鎖國政策，斷絕與西方的交往。

● 1637 年 蘇里亞旺薩王統治下的葡萄牙領地馬六甲。

● 1641 年 荷蘭佔領馬來半島的葡萄牙領地馬六甲。

● 1641 年 愛爾蘭爆發反英起義。

● 1642 年 英國王黨派與議會派發生內戰。

● 1642 年 法國進入路易十四朝，路易十四自詡為太陽王。

● 1643 年 意大利佛羅倫斯人發明氣壓計。

● 1644 年 笛卡爾的力作《形而上學的沉思》享譽歐洲。

● 1644 年 法國和瑞典簽訂的《威斯特伐利亞和約》致使德意志國家分裂。

● 1646 年 巴哈馬諸島被英國人殖民地化。

● 1648 年 俄國人達日尼夫發現亞洲大陸與美洲大陸間的白令海峽。

● 1649 年 英國進入以克倫威爾為實際統治者的共和國時期。

帕里斯的判斷

□ 17 世紀著名畫家彼得·保羅·魯本斯繪製。與此時林布蘭特的畫作中呈現的現實主義風格相反，魯本斯此時還處於對巴洛克精緻、熱烈風格的繼續探索之中，這種風格深受權貴們的喜愛。

□ 在莫臥爾第二代君主胡瑪雍陵的基礎上，第三代皇帝沙·賈汗為他的皇后瑪哈爾修建了舉世聞名的泰姬陵。除了泰姬陵以外，沙·賈汗還在德里修建了規模龐大的紅堡宮殿及大清真寺，創立了最為獨特的莫臥兒建築風格。

■ 公主頭像（17 − 18 世紀初）
這件貝寧青銅雕刻出土於瑪麗，是貝寧後期具有高度概括性的紀念性頭像。人物佩帶的華麗的頭飾和高大的項圈裝飾，是皇族高貴的象徵。

荷蘭繪畫大師林布蘭特所作，反映了民兵們即將出巡的瞬間。林布蘭特通過聚光、透明陰影的表現和獨特的筆法配合，富於表現力的新風格。但這種新風格在當時並未大受歡迎，畫家本人還因此差一點得不到應得的報酬。

■ 清 王鐸 山樓雨霧圖

王鐸（1592－1652年）善畫山水，也擅寫梅竹、蘭石，畫風別具一格。《山樓雨霧圖》是其山水冊之一，景色濕潤，風格清新。

□ 寧壽宮是康熙二十八年（1689年）時，康熙皇帝為皇太后博爾吉濟特氏所建，作為皇太后的頤養之處。乾隆時又加以改建，作為自己退位後的頤養之處。寧壽宮的主要建築有皇極門、寧壽門、皇極殿、寧壽宮、養性門、養性殿、樂壽堂、頤和軒、景祺閣，以及暢音閣和乾隆花園等。

清 故宮寧壽宮

清 奉先殿

□ 奉先殿建於清代順治十三年（1656年），是清代皇帝祭祀自家祖宗的宮殿，殿內供有清代先皇先后的神位，還有供他們居住的寢室。每逢重大節日，皇帝都要到此祭拜；每年現任皇帝父母生日時，皇帝也要親自到這裏行禮；皇帝大婚前後也都要來此拜先祖。奉先殿是座九開間的重簷廡殿頂大殿，壯麗雄偉。

清 西爽樓

□ 建於清代康熙十八年（1679年），位於福建省漳州市平和縣霞寨鎮西安村。西爽樓是福建土樓中的方樓形式，並且是方樓中單元式的典型，樓的寬度達86米，長度94米，是一個比較規整的矩形。樓由外圍三層高的環樓和院內六組兩進祠堂組成。

科爾納羅祭壇

□ 意大利巴洛克名家貝尼尼設計，於1652年建成，這座祭壇的獨特之處是在祭壇兩邊設置了如劇院包廂般的空間，並將資助人一家的形象進行真實再現。嚴肅的宗教建築融入了更多的世俗元素。

□ 聖彼得大教堂的穹頂建成之後，建築師貝尼尼受教皇之託為其加建了一個橢圓形柱廊的前廣場。整個廣場於1666年完工，其中還樹立着遠從埃及運來的方尖碑，教堂內部則有貝爾尼尼設計的超尺度華蓋。

聖彼得廣場

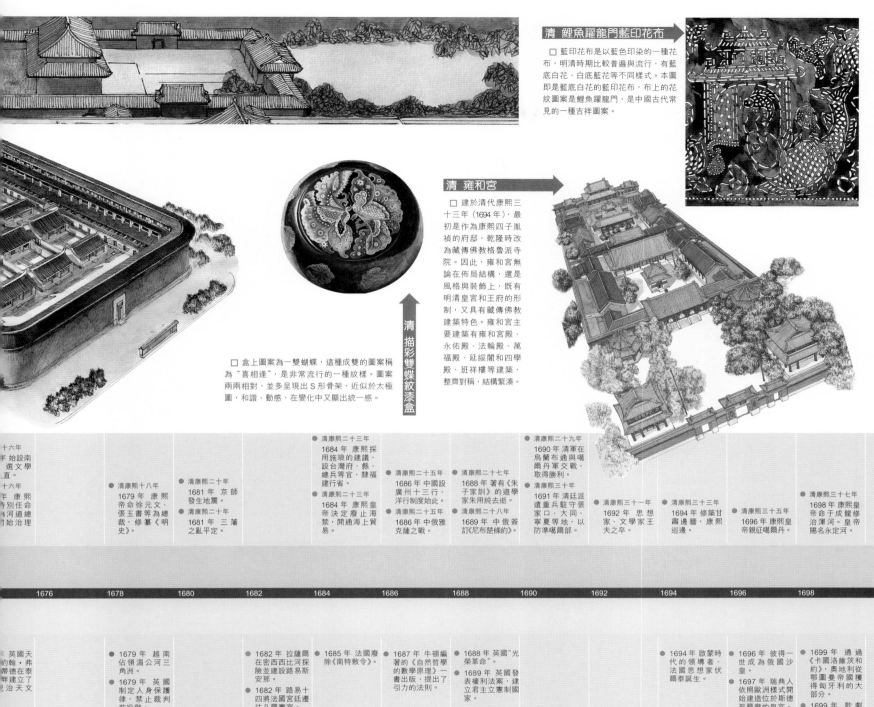

清 鯉魚躍龍門藍印花布

□ 藍印花布是以藍色印染的一種花布，明清時期比較普遍與流行，有藍底白花、白底藍花等不同樣式。本圖即是藍底白花的藍印花布，布上的花紋圖案是鯉魚躍龍門，是中國古代常見的一種吉祥圖案。

清 雍和宮

□ 建於清代康熙三十三年（1694 年），最初是作為康熙四子胤禛的府邸，乾隆時改為藏傳佛教格魯派寺院。因此，雍和宮無論在佈局結構，還是風格與裝飾上，既有明清皇宮和王府的形制，又具有藏傳佛教建築特色。雍和宮主要建築有雍和宮殿、永佑殿、法輪殿、萬福殿、延綏閣和四學殿、班祥樓等建築，整齊對稱，結構緊湊。

清 描彩雙蝶紋漆盒

□ 盒上圖案為一雙蝴蝶，這種成雙的圖案稱為"喜相逢"，是非常流行的一種紋樣。圖案兩兩相對，並多呈現出 S 形骨架，近似於太極圖，和諧、動感，在變化中又顯出統一感。

			清康熙二十三年			清康熙二十九年			
	清康熙十八年	清康熙二十年	1684 年 康熙採用施琅的建議，設台灣府、縣、總兵等官，隸福建行省。	清康熙二十五年	清康熙二十七年	1690 年 清軍在烏蘭布通與噶爾丹軍交戰，取得勝利。			清康熙三十七年
十六年 始設南 選文學 直 十六年 康熙 特別任命 河道總理 始治理	1679 年 康熙帝命徐元文、張玉書等為總裁，修纂《明史》。	1681 年 京師發生地震。 清康熙二十年 1681 年 三藩之亂平定。	1686 年 中國設廣州十三行，洋行制度始此。 清康熙二十三年 1684 年 康熙皇帝決定廢止海禁，開通海上貿易。 清康熙二十五年 1686 年 中俄雅克薩之戰。	1688 年 著有《朱子家訓》的道學家朱用純去逝。 清康熙二十八年 1689 年 中俄簽訂《尼布楚條約》。	1691 年 清廷派遣重兵駐守張家口、大同、寧夏等地，以防準噶爾部。 清康熙三十一年 1692 年 思想家、文學家王夫之卒。	1694 年 修築甘肅邊牆，康熙巡邊。 清康熙三十五年 1696 年 康熙皇帝親征噶爾丹。	清康熙三十三年		1698 年 康熙皇帝命于成龍修治渾河。皇帝賜名永定河。

| 1676 | 1678 | 1680 | 1682 | 1684 | 1686 | 1688 | 1690 | 1692 | 1694 | 1696 | 1698 |

| 英 英國天 約翰·弗 蒂德在泰 群建立了 治天文 | 1679 年 越南佔領湄公河三角洲。 1679 年 英國制定人身保護律，禁止裁判前投獄。 | 1682 年 拉薩爾在密西西比河探險並建設路易斯安那。 1682 年 路易十四將法國宮廷遷往凡爾賽宮。 | 1685 年 法國廢除《南特敕令》。 | 1687 年 牛頓編著的《自然哲學的數學原理》一書出版，提出了引力的法則。 | 1688 年 英國"光榮革命"。 1689 年 英國發表權利法案，建立君主立憲制國家。 | 1694 年 啟蒙時代的領導者、法國思想家伏爾泰誕生。 1696 年 彼得一世成為俄國沙皇。 1697 年 瑞典人依照歐洲樣式開始建造位於斯德哥爾摩的皇宮。 | 1699 年 通過《卡洛維茨和約》，奧地利從鄂圖曼帝國獲得匈牙利的大部分。 1699 年 歌劇作為一門新的藝術在歐洲廣為流傳。 |

聖卡羅教堂

□ 1667 年建成，由意大利建築怪才波洛米尼設計，這位在當時被認為是瘋子的建築師最後自殺而亡，而這座小教堂卻成為巴洛克風格最具代表性的建築。

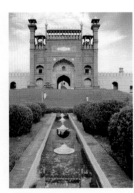

■ 巴德夏希清真寺（1674 年）
世界著名的大清真寺之一，位於巴基斯坦東北部德拉合爾古城外，建於莫臥兒王朝時期。

凡爾賽宮鏡廳

□ 1678 年，芒薩爾在凡爾賽宮中增建的鏡廳竣工。這座大廳一面是 17 扇巨大的開窗，另一面則對應設 17 面巨大的水晶鏡子，其內部鑲金裹銀，屋頂還有描繪當時國王生活的巨幅彩畫。

盧浮宮東立面

□ 公元 1670 年，法國盧浮宮東立面建成。此時的法國正處於最為輝煌的帝國時期，但同建築內部繁複、華麗的巴洛克與洛可可風格相比，建築立面法國人就是喜歡簡約、樸素的古典風格。

■ 人像木凳
（17－18 世紀）
這件木雕高 47 厘米，出土於剛果（金），是赫姆巴族的作品。一男一女背靠背站著舉手製成盤座，造型修長，結構優美，具有強烈的感染力。

清煙波致爽殿

□ 位於河北承德的避暑山莊是清朝皇帝的夏宮。正宮後寢的第一座大殿，名為煙波致爽殿，它是皇帝的寢宮，面闊七開間，捲棚歇山頂，周圍設迴廊。殿內正間為廳，東有起坐間，西有卧室。殿前院內古松蒼翠、綠草如茵，環境極為清幽、雅致。本圖為煙波致爽殿的室內景觀，後簷懸有"煙波致爽"圖，室內陳設華麗尊貴，擺放整齊有序。

清大明寺西園

□ 大明寺位於江蘇揚州西北郊，因建於南朝宋孝武帝大明年間而得名。大明寺西園是寺內的園林，建於清代乾隆元年（1736年），乾隆下江南曾多次遊園。西園雖然位於寺內，但沒有寺院與佛教氣息，而是與一般江南私家園林一樣充滿了文人氣質。園以水池為中心，上設三島，主要景觀有第五泉、聽石山房、待月亭、鶴塚、御碑亭。

■ 清 竹根雕和合
其雕刻工藝精緻細
難得的竹雕佳作。
仙即為唐貞觀年間
僧寒山、拾得二人
間造型藝術中諧
"合"二字音，寓意
之意。

		● 清康熙四十四年 1705年 上命翰林院習外國文。 ● 清康熙四十四年 1705年 羅馬教皇遣使至北京。							● 清康熙</br>1722年</br>帝卒，</br>禛繼位</br>年為雍正
● 清康熙四十年 1701年 洪澤湖泛濫。《治河方略》成。	● 清康熙四十二年 1703年 始建承德避暑山莊。	● 清康熙四十四年 1705年《全唐詩》撰成。	● 清康熙四十六年 1707年 禁天主教，令教士退居澳門。	● 清康熙五十年 1711年 詔命三年內分批免天下錢糧一年。	● 清康熙五十二年 1713年 清朝對人丁稅制度進行了重大改革。	● 清康熙五十四年 1715年《聊齋誌異》的作者蒲松齡去世。	● 清康熙五十五年 1716年《康熙字典》編著成。	● 清康熙五十七年 1718年《桃花扇》的作者孔尚任去世。	● 清康熙五十九年 1720年 清軍進駐拉薩、平定西藏之亂。	● 清雍正元</br>1723年</br>帝頒諭</br>稅的重

1700	1702	1704	1706	1708	1710	1712	1714	1716	1718	1720	1722

▶ 1714年 漢諾威王朝

● 1700年 啟蒙主義時代到來。 ● 1701年 西班牙爆發了王位繼承之戰。	● 1702年 斯圖亞特王朝末主安妮女王加冕為英國國王。 ● 1703年 匈牙利開始了反抗奧地利王朝的鬥爭。	● 1704年 英國從西班牙人手中奪取大西洋與地中海的交通要道直布羅陀海峽。	● 1707年 莫卧兒王朝末代皇帝奧朗則布逝世，王朝開始衰敗。 ● 1707年 英格蘭、蘇格蘭合併，形成"大不列顛王國"。	● 1709年 第一架鋼琴在意大利製作完成。	● 1711年 北卡羅來納的殖民者屠殺美洲印第安人的圖斯卡羅拉戰爭。 ● 1711年 德國梅森城的陶瓷工廠燒製出歐洲大陸自製的第一件瓷器。	● 1712年 彼得大帝建立的聖彼得堡成為俄國首都。 ● 1713年 普魯士王腓特烈一世即位。	● 1714年 斯圖亞特王朝女王安妮去世，喬治一世繼位，開始英國的漢諾威王朝。	● 1716年 法國在加拿大的海牙建設要塞。	● 1718年 水銀溫度計被德國科學家發明。 ● 1719年 英國小說家丹尼爾·狄福的著作《魯賓遜漂流記》面世。	● 1721年 英國第一位首相羅伯特·沃爾波爾就職。 ● 1721年 接種牛痘疫苗使西方世界躲過一次天花癘疫。

布倫海姆府邸

□ 1705年動工修建，是英國安妮公主為獎賞馬爾伯勒公爵的軍功下令修建的。由霍克斯摩爾主持修建，這座府邸規模龐大，因建築元素的多樣化而成為歐洲組成最複雜的古典建築之一。

■ 彩飾畫（18世紀）
這件作品出土於土耳其，是艾哈茂·德·努爾·伊本·穆斯塔法的作品，表現了天使加百列在海拉山上以古蘭經啟示穆罕默德的場景。

聖保羅教堂

□ 由英國建築師雷恩設計，1710年竣工。這座教堂的平面沿襲了中世紀的拉丁十字形，立面則呈現古典主義與巴洛克兩種風格的混合形式，而鐘塔的加入又在這種混合風格中注入了濃郁的哥德氣息。

■ 祖先坐像（18世紀）
出土於馬里，是多貢族的雕像。端坐在圓凳上的女人粗壯的軀幹與細長的四肢，形成了強烈的對比，極富節奏感。

□ ■ ● 中國	□ ■ ● 歐洲	□ ■ ● 非洲	□ ■ ● 亞洲	□ ■ ● 美洲	□ ■ ● 大洋洲

剔彩雲龍方盒

清代乾隆時製，盒上雕刻立體突盒邊雕飾近似牡丹和荷花的寶相枝蔓纏繞，花朵碩大富麗，盒雖如意頭似的盒子框，內雕二龍盒子框外四角雕綬帶、銅錢、紋，寓意吉祥，風格濃麗。加上富厚、濃鬱。

■ **清 郎世寧 竹蔭西狑圖**

郎世寧（1688－1766 年），天主教耶穌會傳教士，意大利人，歷任康熙、雍正、乾隆三朝宮廷畫師，參酌中西畫法，設色麗艷，精工細緻，自成一家。該圖是其代表作之一。

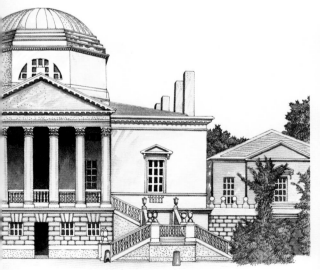

清 碧雲寺金剛寶座塔

□ 位於北京香山碧雲寺最北端，是目前中國僅存的十多座金剛寶座塔之一。金剛寶座塔是中國佛塔的一種，特點是在塔基上建有五座小塔。碧雲寺金剛寶座塔建於乾隆十三年（1748年），塔高近 35 米，全部由漢白玉石雕成，高大的基座上建有五座十三層密簷塔和兩座圓形喇嘛塔。

● 清雍正五年
1727 中俄簽訂《恰克圖條約》。

● 清雍正五年
1727 年 雍正帝委派鄂爾泰全權辦理西南地區的"改土歸流"事宜，由朝廷直接任命官員管理。

● 清雍正七年
1729 年 始禁吸鴉片。始設軍機處。

● 清雍正七年
1729 年 遣軍征準噶爾。

● 清雍正十年
1732 年 清王朝鑄造辦理軍機印信，軍機處成為正式的常設機構。

● 清雍正十三年
1735 年 雍正帝病卒，皇四子弘曆繼位，是為乾隆。

● 清乾隆元年
1736 年 博學鴻詞科開考。

● 清乾隆六年
1741 年 初舉木蘭秋獮。

● 清乾隆十年
1745 年 乾隆下令命沿海各省訓練水師。

● 清乾隆十年
1745 年 疏浚江南河道。

● 清乾隆十二年
1747 年 清廷發動平定大小金川之亂的戰爭。

● 清乾隆十四年
1749 年《五朝本紀》成書。

● 清乾隆十四年
1749 年 方苞卒。

| 1726 | 1728 | 1730 | 1732 | 1734 | 1736 | 1738 | 1740 | 1742 | 1744 | 1746 | 1748 |

▶ **1740 年 孟加拉國**

● 在西非
喜倫，族的伊
徒哈里
伯拉罕
為"信徒
官"。

● 1727 年 歐洲人在巴西種植咖啡樹。

● 1729 年 奧地利古典主義大師巴哈的名作《馬太受難曲》完成。
● 1729 年 英國的斯蒂芬·格雷證明物體的導電性能。

● 1730 年 法國物理學家列奧米爾發明了列氏溫度計。

● 1733 年 長期在中國和越南之間從事佛教交流的越南僧人麟角逝世，他被人們稱為"兩國和尚"。

● 1735 年 紐約的約翰·曾格因報道總督的不當選舉而當上了裁判，獲得報道出版的自由。

● 1736 年 在秘魯的熱帶雨林發現天然橡膠。
● 1736 年 納狄爾汗統治伊朗。

● 1739 年 納狄爾入侵印度。

● 1740 年 普魯士的腓特烈二世繼位。在他的治理下普魯士成為歐洲強國。

● 1742 年 俄國人登陸北美阿拉斯加。
● 1743 年 越南創立觀禪派的僧人瞭觀逝世。

● 1748 年 孟德斯鳩發表資產階級政治學的巨著《法的精神》（又譯為《法意》）。
● 1749 年 龐培古城被挖掘出來。

特洛多大教堂

□ 位於西班牙，於 1732 年建造完成，它最突出的特點就是建築內部繁多而華麗的裝飾。建築師通過對光線、位置的控制，創造了一個如舞台般夢幻的內部空間。

拉德克里夫圖書館

□ 由英國建築師吉布斯設計，位於牛津郡境內，始建於 1739 年，是一座使用多種裝飾手法建成的圖書館。圖書館中粗石的底部、壁龕與窗口的相間形式，都是非常特別的設置。

頓伯爵與肯特設計的齊斯克
1725 在倫敦建成。這座
仿帕拉弟奧的圓廳別墅而
前面增添了一個巴洛克風格
折線形大樓梯。

清喬家大院

□ 位於山西省祁縣的喬家堡村，是山西傳統民居的典型與代表。喬家大院外圍是方形的磚築圍牆，四周都是全封閉的。院落高處設有更樓、眺閣，就像是城牆上的敵樓一樣，很有氣勢。院內中間有一條巷道對準大門，巷道的兩側建有六個院落，每個院落中又建有兩三進的小院，院落的總數達十九個，房屋三百多間。佈局複雜，變化豐富。

清 景山萬春亭

□ 在景山上有五座亭子，萬春亭居於中間。亭為四角攢尖頂，三重簷，黃琉璃瓦帶綠剪邊。亭高 17 米多，亭下有柱子 22 根，亭內面積約 18 平方米。體量巨大，形態穩重。站在亭前俯瞰北京城，尤其是紫禁城，視角絕佳。景山五亭中分別供有一佛，合稱五方佛，萬春亭中供奉的是五方佛中的中央佛，名為毗盧遮那。

清頤和園

□ 位於北京城的西北郊，是中國現存最大、保存最完整的清代皇家園林。頤和園初名清漪園，建於清代乾隆十五年（1750年）。園中有山有水，山水相繞，中心為萬壽山，前部為開闊的昆明湖，後山腳有後溪河。園中山水分明而建築分散，主要建築集中在前山，前山以佛香閣為主，閣前為排雲殿建築群。

時間軸（上方）：

- 清乾隆十五年 1750 年 開始修建舉世聞名的頤和園。
- 清乾隆十六年 1751 年 乾隆皇帝初次南巡。
- 清乾隆十九年 1754 年 吳敬梓卒。
- 清乾隆二十年 1755 年 軍機大臣張廷玉卒。
- 清乾隆二十年 1755 年 清廷派兵進軍伊犁，攻打準噶爾部。
- 清乾隆二十四年 1759 年 黑水營之戰，大和卓木敗走。
- 清乾隆二十四年 1759 年 清廷修浙江海塘。
- 清乾隆二十五年 1760 年 清廷於烏魯木齊設莊屯田。以阿杜為都統，總理伊犁事宜。
- 清乾隆二十八年 1763 年 湖南奏修嶽麓書院。
- 清乾隆二十九年 1764 年 回部烏什民變。
- 清乾隆二十九年 1764 年 曹雪芹卒。
- 清乾隆三十年 1765 年 鄭板橋卒。
- 清乾隆三十四年 1769 年 詩人沈德潛卒。
- 清乾隆三十五年 1770 年 圓明園建成。
- 清乾隆三十六年 1771 年 建普陀宗乘之廟，它是承德外八廟中規模最大的一座廟宇。
- 清乾隆 1772 年 旨採集書，編纂《四庫全書》編纂工...

年份：1750　1752　1754　1756　1758　1760　1762　1764　1766　1768　1770　1772

時間軸（下方）：

- 1750 年 盧騷發表了著名的《科學與藝術論文》一書。
- 1751 年 狄德羅主持下的《百科全書》開始編寫。
- 1753 年 瑞典植物學家完成植物分類系統，成為現代植物分科的奠基人。
- 1755 年 里斯本發生大地震。
- 1755 年 以雍葭牙為首的軍隊攻佔仰光，從而佔領大部分緬甸。
- 1756 年 蘇格蘭化學家利用科學方法製造出二氧化碳。
- 1757 年 英國開始統治印度。
- 1759 年 英國人獲得北美魁北克地區的統治權。
- 1760 年 用於航海的經線儀在歐洲被發明。
- 1761 年 印度錫克教興起。
- 1762 年 法國思想家盧騷發表《社會契約論》。
- 1762 年 俄羅斯開始處於凱薩琳女皇統治之下。
- 1764 年 8歲的莫扎特完成他的第一首交響曲，被喻為神童。
- 1766 年 英國著名物理學家、化學家卡迪文通過實驗發現了氫氣。
- 1767 年 英國人發明珍妮紡織機。
- 1768 年 英國皇家美術學院創立。
- 1769 年 瓦特試製成功了單向蒸汽機。
- 1773 年 東印度式從英獲得了拉積槽鴉片的...
- 1773 年 領海港 "傾茶..."

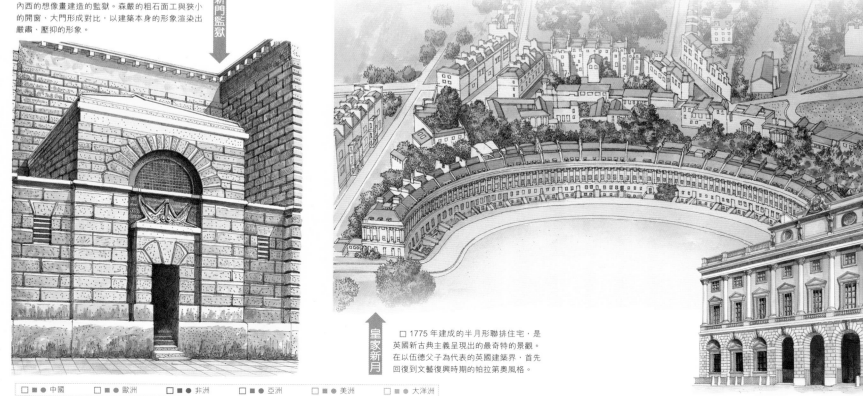

新門監獄

□ 建於 1769 年的倫敦新門監獄，是一座按照皮拉內西的想像畫建造的監獄。森嚴的粗石面工與狹小的開窗、大門形成對比，以建築本身的形象渲染出嚴肅、壓抑的形象。

皇家新月

□ 1775 年建成的半月形聯排住宅，是英國新古典主義呈現出的最奇特的景觀。在以伍德父子為代表的英國建築界，首先回復到文藝復興時期的帕拉第奧風格。

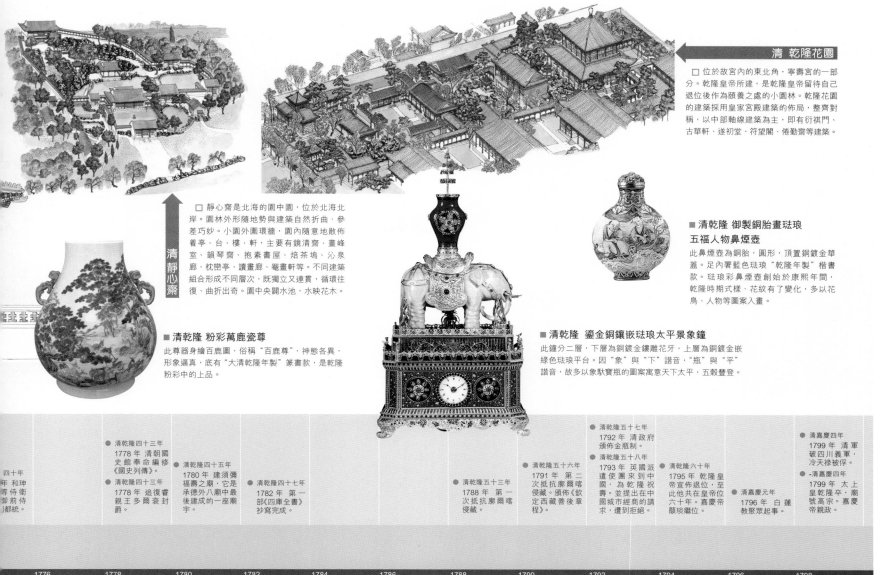

清 乾隆花園

□ 位於故宮內的東北角，寧壽宮的一部分。乾隆皇帝所建，是乾隆皇帝留待自己退位後作為頤養之處的小園林。乾隆花園的建築採用皇家宮殿建築的佈局，整齊對稱，以中部軸線建築為主，即有衍祺亭、古華軒、遂初堂、符望閣、倦勤齋等建築。

□ 靜心齋是北海的園中園，位於北海北岸。園林外形隨地勢與建築自然折曲，參差巧妙。小園外圍環牆，園內隨意地散佈着亭、台、樓、軒，主要有鏡清齋、畫峰室、韻琴齋、抱素書屋、焙茶塢、沁泉廊、枕巒亭、讀畫廊、罨畫軒等。不同建築組合形成不同層次，既獨立又連貫，循環往復、曲折出奇。園中央闢水池，水映花木。

清 靜心齋

■ 清乾隆 御製銅胎畫琺瑯 五福人物鼻煙壺

此鼻煙壺為銅胎，圓形，頂置銅鍍金華蓋。足內署藍色琺瑯"乾隆年製"楷書款。琺瑯彩鼻煙壺創始於康熙年間，乾隆時期式樣、花紋有了變化，多以花鳥、人物等圖案入畫。

■ 清乾隆 粉彩萬鹿瓷尊

此尊器身繪畫百鹿圖，俗稱"百鹿尊"，神態各異，形象逼真，底有"大清乾隆年製"篆書款，是乾隆粉彩中的上品。

■ 清乾隆 鎏金銅鑲嵌琺瑯太平景象鐘

此鐘分二層，下層為銅鍍金鏤雕花卉，上層為銅鍍金嵌綠色琺瑯平台。因"象"與"下"諧音，"瓶"與"平"諧音，故多以象馱寶瓶的圖案寓意天下太平，五穀豐登。

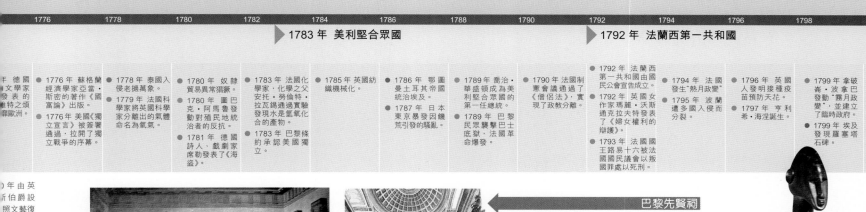

	● 清乾隆四十三年 1778 年 清朝國史館奉命編修《國史列傳》。 ● 清乾隆四十三年 1778 年 追復睿親王多爾袞封爵。	● 清乾隆四十五年 1780 年 建須彌福壽之廟，它是承德外八廟中最後建成的一座廟宇。	● 清乾隆四十七年 1782 年 第一部《四庫全書》抄寫完成。	● 清乾隆五十三年 1788 年 第一次抗拒廓爾喀侵藏。	● 清乾隆五十六年 1791 年 第二次抗拒廓爾喀侵藏。頒佈《欽定西藏善後章程》。	● 清乾隆五十七年 1792 年 清政府頒佈金瓶制。 ● 清乾隆五十八年 1793 年 英國派遣使團來到中國，為乾隆祝壽。並提出在中國城市經商的請求，遭到拒絕。	● 清乾隆六十年 1795 年 乾隆皇帝宣佈退位，至此他共在皇帝位六十年。嘉慶帝顒琰繼位。	● 清嘉慶四年 1799 年 清軍破四川義軍，冷天祿被俘。 ● 清嘉慶四年 1799 年 太上皇乾隆卒，廟號高宗。嘉慶帝親政。 ● 清嘉慶元年 1796 年 白蓮教聚眾起事。

1776	1778	1780	1782	1784	1786	1788	1790	1792	1794	1796	1798

▶ 1783 年 美利堅合眾國　　　　▶ 1792 年 法蘭西第一共和國

·干德國文學家···發表《·雄特》的項··靠歐洲。	● 1776 年 蘇格蘭經濟學家亞當·斯密的著作《國富論》出版。 ● 1776 年 美國《獨立宣言》被簽署通過，拉開了獨立戰爭的序幕。	● 1778 年 泰國入侵老撾萬象。 ● 1779 年 法國科學家將英國科學家分離出的氣體命名為氧氣。	● 1780 年 奴隸貿易異常猖獗。 ● 1780 年 圖巴克·阿馬魯勞動對殖民地統治者的反抗。 ● 1781 年 德國詩人、戲劇家席勒發表了《海盜》。	● 1783 年 法國化學家、化學之父安托·拉瓦錫通過實驗發現水是氫氧化合的產物。 ● 1783 年 巴黎條約承認美國獨立。	● 1785年 英國紡織機械化。	● 1786 年 鄂圖曼土耳其帝國統治埃及。 ● 1787 年 日本東京暴食因饑荒引發的騷亂。	● 1789 年 喬治·華盛頓成為美利堅合眾國的第一任總統。 ● 1789 年 巴黎民眾襲擊巴士底獄，法國革命爆發。	● 1790 年 法國制憲會議通過了《僧侶法》，實現了政教分離。 ● 1793 年 法國國王路易十六被法國國民議會以叛國罪處以死刑。	● 1792 年 法蘭西第一共和國由國民公會宣告成立。 ● 1792 年 英國女作家瑪麗·沃斯通克拉夫特發表名著《婦女權利的辯護》。	● 1794 年 法國發生"熱月政變" ● 1795 年 波蘭遭第三國入侵而分裂。	● 1796 年 英國人發明接種疫苗預防天花。 ● 1797 年 亨利希·海涅誕生。	● 1799 年 拿破崙·波拿巴發動"霧月政變"，並建立了臨時政府。 ● 1799 年 埃及發現羅塞塔石碑。

·)年由英·新伯爵設·照文藝復·拉曼特所·築面貌而·建築的復·得益於早·伊尼戈·拉第奧的·。			

■ 頒佈獨立宣言（1786−1794 年）

美國著名畫家約翰·特拉巴爾（1756 − 1843）繪製，歷史地再現了 1776 年 7 月 4 日由傑佛遜、華盛頓等美國獨立運動領導者聚集費城簽署《獨立宣言》時的情景。

巴黎先賢祠

□ 由法國建築師索夫洛設計，建於 1790 年，原本是獻給捍衛巴黎城的聖女之祭祠，後改為安葬著名名士的先賢祠。這座小教堂也因為安葬了雨果、伏爾泰、左拉等文化名人而世界聞名。

■ 祖先像 （18−19 世紀）

這件木雕作品出土於西非科特迪瓦，是塞努福族的雕像。作品形式簡練，充滿活力，向前突出的頭部和乳房形成一種獨特的韻律感。

李奇蒙弗吉尼亞州廳

□ 美國在此時的各種政府和公共建築均採用古典形制。這座位於弗吉尼亞州的政府建築建於 1799 年，其建築面貌直接來源於古希臘神廟的樣式，由傑佛遜與另一位建築師合作設計。

□ 中國刺繡歷史悠久，但真正成熟期的刺繡當屬明清。本圖是一幅清代刺繡，刺繡圖案為燈籠紋，寓意光明、圓滿，也是一種吉祥圖案。

清 定州貢院

□ 定州貢院是中國保存最為完好的清代科舉考場所，現存有影壁、大門、魁閣號舍、大堂、後樓五座建築。

清 銅胎畫琺琅扁方瓶

□ 清代所製，瓶形較為方正。從它的立面看，口、頸、身線條變化明顯而流暢自然。整個瓶子的表面都雕飾有花紋，以如意雲頭紋為主，肩上凸出兩個象頭，瓶身中部突出飾有迴紋和太極圖，有迴還往復、循環不盡之意。與如意雲紋一樣，吉祥、喜慶。

清 鹿港龍山寺

□ 創建於清代乾隆年間，但在道光九年（1829年）才擴建完成今天所見的格局。寺廟規模宏大，結構完整，坐東朝西。從前至後建有廣場、山門、五門殿、戲亭、拜亭、大殿、後殿等。各建築正脊多是凹弧形，兩端翹起，線條優美流暢，建築色彩明豔，裝飾華美，都表現出台灣建築的風格與特色。

時間軸：

● 清嘉慶六年 1801年 中國史學家章學誠卒。著有《文史通義》等。

● 清嘉慶七年 1802年 英國的船停泊在廣東零丁洋欲登陸，被勒令阻止。

● 清嘉慶九年 1804年 一代名臣劉墉去世。
● 清嘉慶十年 1805年 訂立稽察西洋書籍章程。
● 清嘉慶十年 1805年 紀曉嵐卒。

● 清嘉慶十一年 1806年 李長庚在台灣海峽大破蔡牽。
● 清嘉慶十二年 1807年 清帝下禁令，禁止文武官員與諸王相交、互通。

● 清嘉慶十三年 1808年 英國停船於廣東香山海面，派兵登陸分據澳門大炮台，嚴令退出。
● 清嘉慶十四年 1809年 訂立廣東外洋商人貿易章程。

● 清嘉慶十五年 1810年 禁鴉片輸入京師。
● 清嘉慶十六年 1811年 令各省查禁西洋人亞禁民人習天主教。

● 清嘉慶十八年 1813年 天理教徒二百人衝入禁門。天理教徒於河南滑縣起義。

● 清嘉慶十九年 1814年《全唐文》編輯而成。
● 清嘉慶二十年 1815年，制定查封鴉片章程。
● 清嘉慶二十年 1815年 文學家姚鼐卒。

● 清嘉慶二十一年 1816年 增江南水師營滿漢駐軍額。
● 清嘉慶二十二年 1817年 廣東梅縣天地會起事。
● 清嘉慶二十二年 1817年 增設天津水師營總兵。

● 清嘉慶二十四年 1819年 英國傳教士馬禮遜與米怜合作翻譯的《聖經》舊約部分正式出版。
● 清嘉慶二十五年 1820年 旻寧即位，改元道光。

| 1800 | 1802 | 1804 | 1806 | 1808 | 1810 | 1812 | 1814 | 1816 | 1818 | 1820 | 1822 |

▶ 1802年 越南阮氏王朝
▶ 1804年 海地
▶ 1816年 阿根廷
▶ 1821年 秘魯
▶ 1818年 祖魯王國

● 1800年左右 數千名英國犯人被移送到澳大利亞殖民地。

● 1802年 從緬甸歸國的佛教徒在斯里蘭卡創立緬甸派。
● 1803年 美國從法國購得路易斯安那。

● 1804年 海地成為拉丁美洲第一個獨立國家。
● 1804年 拿破崙加冕為法國皇帝。
● 1804年 英國製造出第一輛軌道蒸汽機車。
● 1804年 資產階級國家的第一部民法典《法國民法典》頒佈實行。

● 1807年 美國國會通過禁止從沃洲進口奴隸的法案。
● 1807年 拿破崙入侵西班牙。

● 1812年 拿破崙一世在莫斯科撤退。
● 1813年 簡·奧斯汀的名著《傲慢與偏見》完成。

● 1815年 法國大革命結束，拿破崙在滑盧戰役中敗北。

● 1816年 恰卡成為祖魯族王。他開始強化軍事力量，征服南非各部落。
● 1817年 大衛·李嘉圖發表了《政治經濟學及賦稅之原理》一書。

● 1818年 恰卡統一各部落建立南非地區單一的祖魯王國。
● 1818年 卡爾·馬克思誕生。
● 1818年 美國與加拿大劃分邊界。
● 1819年 新加坡成為英國殖民地。

● 1821年 秘魯擺脫西班牙殖民統治，宣佈獨立。

瓦平松浴女

□ 法國新古典主義大師安格爾在1808年繪製，是他的代表性作品之一。畫家對人物脊椎的長度加長，以體現曲線的完美。

喀山大教堂

□ 位於聖彼得堡，是建築師按照羅馬聖彼得大教堂的形制設計的。雖然教堂有着高大的穹頂和巨大的半圓形柱廊，但內部的實用空間卻非常狹小，是一座觀賞性大於實用性的建築。

■ 獵手夏季服（1805年）
這件獨特的服裝，因紐特藝術家用馴鹿皮肌腱和魚卵塗料製成的。

■ 頭像（19世紀）
這件象牙雕出土於剛果（金），是萊加族的作品。其造型稚拙怪異，概括洗練，眼睛用貝殼鑲嵌而成的。

□ 銅胎掐絲琺瑯又稱"景泰藍"，發軔於明朝景泰年間，成熟於乾隆時期，至清代晚期，原料、工藝漸趨凋敝。

清 銅胎掐絲琺瑯香爐

□ 竹報平安是一種吉祥圖案，來源於古代的典故，《荊楚歲時記》中就有"正月一日是，……庭前爆竹、燃草，以辟山臊惡鬼"的記載。圖案可以爆竹為主，也可以竹為主。本圖即是以竹、鵪鶉和瓶本身組合的竹報平安。

清 門彩竹報平安扁壺

■ 清 黃玉鳩紋花觚
清代玉器的雕琢特點是刀法細膩、結構精準、紋飾繁複，為歷代玉器所不及。

清 鎏金銅羅漢

□ 金銅佛像發展到 18 世紀，已由乾隆時期的繁縟逐漸趨於簡約，但仍然是虔誠信徒禮拜的精神偶像。

		● 道光十二年 1832 年 英商查頓、馬地臣在廣州正式創辦怡和洋行，繼續走私販賣鴉片，是當時最大的鴉片走私進口商。	● 清道光十四年 1834 年 英國艦船闖入黃埔。 ● 清道光十五年 1835 年 廣東訂防範洋人貿易章程八條。	● 清道光十九年 1839 年 林則徐在虎門海灘當眾銷毀鴉片煙。 ● 清道光二十年 1840 年 英國正式作出向中國出兵的決定，中英鴉片戰爭爆發。

| …五年 | ● 清道光六年
1826 年 鎮壓張格爾叛亂。 | ● 清道光八年
1828 年 松筠奏請添設蒙古官學。 | ● 清道光十一年
1831 年 查禁鴉片，定官民吸食者罪。 |

…年布庫尊…圖克圖…牲畜、喇…爾人丁…每三年…次。

| 1826 | 1828 | 1830 | 1832 | 1834 | 1836 | 1838 | 1840 |

▶ **1825 年 玻利維亞**

▶ **1830 年 比利時王國**

▶ **1828 年 烏拉圭**

…年 英國首…蒸汽船…英國詩…治‧拜倫…年 英國第…鐵路被建…斯托克頓…頓之間。

● 1825 年 玻利維亞擺脫西班牙殖民統治，宣佈獨立。
● 1827 年 貝多芬逝世。

● 1828 年 西班牙畫家弗朗西斯科‧哥雅病逝。
● 1828 年 巴西和阿根廷簽訂《蒙得維的亞和約》，承認烏拉圭獨立。

● 1830 年 國民大會代表在布魯塞爾集會，宣佈比利時獨立。
● 1830 年 美國國會通過了《印第安人遷移法案》。
● 1830 年 法國發生七月革命。
● 1831 年 德國哲學家黑格爾逝世。

● 1832 年 英國議會進行改革，打開了工業資產階級進入議會的大門。
● 1833 年 英國廢除奴隸制。

● 1835 年 布爾人為反對英國的統治開始了向內陸的大遷移。

● 1836 年 倫敦工人協會成立。
● 1836 年 英國倫敦議會大廈開始建造。
● 1837 年 英國人發明電報機。

● 1838 年 威爾克斯率領美國探險隊在南極大陸探險。
● 1838 年 英國人民發起了以爭取普選權為目的的憲章運動。

● 1840 年，人類歷史上最早的郵票——黑便士郵票在英國發行。

■ 煙斗（19 世紀）
這隻煙斗出土於剛果（金），是盧巴族的木雕像，是女人雕像和器皿巧妙結合的佳作。其風格協調和諧，又保持了盧巴族雕像的特點。

…年建成，…一手設計…。校園中…的建築，是…萬神廟建…頓圖書館，…的建築則…宿舍後面…奴隸設計…

巴黎凱旋門

□ 巴黎凱旋門傳說是拿破崙為迎娶奧地利的瑪麗亞公主而下令興建的，但直到他逝世大凱旋門仍未建成。

■ 航向威尼斯
英國浪漫風景畫派畫家約瑟夫‧馬洛‧威廉‧特納的代表畫作。畫面中對景物的表現更加模糊，展現了有別於寫實主義的新風格特點，預示了印象畫派時代的來臨。

□ 1838 年動工修建，是英國又一座仿希臘神廟式的建築。但在這座建築中，圓柱、方柱和壁柱的混合使用，也反映出建築界混亂的設計狀態。人們急於擺脫舊建築風格的束縛，新的建築風格卻又尚未形成。

聖喬治大廳

附錄：中外歷史大事年表

中國歷史大事年表	公元紀年軸	外國歷史大事年表
● 約 170 萬年前 雲南元謀人。 ● 約 80 萬年前 藍田人。 ● 約 70 萬年－20 萬年前 北京人。 ● 約 19 萬年前 湖北長陽人。		● 前 40000 年左右 克羅馬儂人從非洲移居歐洲。 ● 前 37000 年左右 南非的波達洞窟中出現了使用狒狒脛骨製成的計數工具。 ● 前 35000 年左右 在扎伊爾出現了帶有石英飾物的小工具。 ● 前 30000 年左右 非洲南部的狩獵採集者採摘果實。
● 約 13 萬年前 山西襄汾丁村舊石器時代中期遺址。 ● 約 10 餘萬年前 陝西大荔人。 ● 約 10 萬年前 北京周口店的新洞人。 ● 約 2 萬年前 河南安陽小南海文化。 ● 約 18000 年前 北京山頂洞人。		● 前 30000 年左右 澳大利亞北部的土著居民開始磨製石斧。 ● 前 26000 年左右 納米比亞阿波羅遺跡的洞窟上，出現了迄今為止最古老的壁畫。 ● 前 18000 年左右 俄羅斯西部建成以長毛象的骨頭為柱子的房屋。 ● 前 17000 年左右 印度尼西亞的狩獵者使用矛。
● 約 14000 年前 貴州興義舊石器時代晚期文化遺址。 ● 前 9000 年左右 河北陽泉虎頭梁舊石器時代遺址。		● 前 15000 年左右 阿爾及利亞出現了赤土像。 ● 前 13000 年左右 住在歐洲西北部洞窟中的人類用黑曜石製造石斧。 ● 前 10000 年 亞洲開始出現農耕，並開始將野生動物馴為家畜。 ● 前 9000 年 日本地區繩紋時代開始，一直持續到前 5000 年結束。
● 前 8500 年 湖南玉蟾岩遺址，其出土的原始陶器是目前中國最早的新石器時代遺址的陶器，並有最早的稻穀出土。		● 前 8900 年 美洲的印第安人活動頻繁，並形成原始的村落。 ● 前 8700 年左右 羊在伊拉克被人類馴化。 ● 前 8600 年 從亞洲遷移而來的早期北美人以狩獵為生。
● 約前 8000 年 廣東南海西樵山石器製造場遺址。	前 8000	● 前 8000 年 以法國、西班牙為主的阿齊爾文化中出現倒刺魚叉等粗加工後的石質工具。 ● 前 8000 年 西亞出現了用曬乾的磚蓋的建築物。 ● 前 7800 年 伊拉克、土耳其和巴勒斯坦等地都出現原始農業並開始馴養動物。 ● 前 7700 年 敍利亞地區出現矩形磚砌築的棋盤式房屋。
● 前 7000 年 河南賈湖遺址出土了世界上迄今為止年代最早、保存最完整的管樂器——骨笛。	前 7500	● 前 7500 年 在土耳其出現銅器，這是人類迄今發現的最早的銅器。 ● 前 7500 年 最早的基地出現在美國的阿肯色。 ● 前 7200 年 巴勒斯坦地區的傑里科（Jericho）文明出現最早的宗教性建築。 ● 前 7200 年左右 豬在土耳其被人類馴化。
● 約前 7000－5000 年 河南裴李崗文化。 ● 前 6800 年 江西萬年仙人洞，華南新石器時代早期遺址。	前 7000	● 前 6900 年 小亞細亞半島上出現有統一規格和佈局的防衛性聚居村落。 ● 前 6800 年 愛琴海地區出現海上交流活動。 ● 前 6600 年 約旦河西岸的艾因蓋扎勒地區出現彩繪黏土人像。
● 前 6200－前 5400 年 內蒙古興隆窪文化，出土中國迄今所知年代最早的玉器。	前 6500	● 前 6500 年 非洲中部地區出現帶有人工雕刻痕跡的骨頭，這也是最原始的記錄信息方法。 ● 前 6500 年 歐洲東南部開始了最初的穀物栽培。 ● 前 6400 年 馬其頓地區出現克諾索斯文明（Knossos），並有以農業和馴養牧業為主的居民。 ● 前 6100 年 撒哈拉地區被森林、河流覆蓋，當地居民以農業和馴養動物為生。
● 約前 6000 年 廣西武鳴洞穴遺址。 ● 約前 6000 年 湖南彭頭山文化八十遺址，發現干欄式建築。 ● 約前 6000 年 青藏高原中石器時代的文化遺存。 ● 約前 5850 年 甘肅大地灣文化。	前 6000	● 前 6000 年左右 傑里科和土耳其的查得爾·非約克開始興起了城市。 ● 前 5900 年 歐洲原始農業從北部向西部發展。 ● 前 5700 年 底格里斯河中游摩蘇爾地區出現長方形和圓形平面房屋組成的農業村落。 ● 前 5600 年 土耳其境內出現大批居民聚居的城鎮。
● 約前 5400 年 河北武安磁山文化最早培植粟和飼養家畜、家禽。 ● 約前 5400 年 山東滕州北辛遺址，大汶口文化的直接源頭。 ● 約前 5300 年 遼寧瀋陽新樂文化出現煤精工藝。	前 5500	● 前 5300 年 埃及人開始穿着各種手工亞麻織品。
	前 5000	

● 中國　　● 歐洲　　● 非洲　　● 亞洲　　● 美洲　　● 大洋洲

中國歷史大事年表	公元紀年軸	外國歷史大事年表

前 5000

中國:
- 約前 5000 年 陝西華縣老官台文化,是仰韶文化半坡類型的先聲,黃河流域出土最早的彩陶。
- 約前 5000 年 陝西華縣元君廟墓地,是保存完整的仰韶文化半坡型墓地。
- 約前 5000 年 河南下王崗類型出現,為仰韶文化早期代表。
- 約前 5000 年 長江下游河姆渡文化興起。

外國:
- **前 5000 年 古埃及先王朝**
- 前 5000 年 中美洲居民開始種植玉米,開始以農業為主的生活。
- 前 5000 年左右 蘇美爾人在亞洲西部的兩河流域下游定居。
- 前 5000 年 羅馬尼亞開始出現發達的麥爾尼查文化。
- 約前 4900 年 入侵的閃米特人與當地非閃米特人開始在美索不達米亞地區相互融合。

前 4750

中國:
- 約前 4700 年 太湖馬家浜文化出現。
- 約前 4600 年 陝西臨潼姜寨仰韶文化出現,屬半坡類型。

前 4500

中國:
- 約前 4500 年 河南安陽後崗類型出現,屬仰韶文化第二期。
- 約前 4500 年 湖南城頭山遺址發現湯家崗文化時期的稻田,是全世界目前發現最早的水稻田。
- 約前 4400 年 四川巫山大溪文化出現。
- 約前 4300 年 山東大汶口文化出現。
- 約前 4300 年 山東兗州王因遺址。

外國:
- 前 4500 年左右 原南斯拉夫地區出現了能夠對銅進行精煉和加工的並查文化。
- 前 4300 年 蘇美爾人開始農耕,並進入石器與銅器並用階段。

前 4250

中國:
- 約前 4100 年 黑龍江新開流文化。

外國:
- 前 4200 年 埃及人發明日曆。
- 前 4100 年 非洲撒哈拉地區的綠洲開始沙化,並於一百年後徹底變成沙漠。

前 4000

中國:
- 約前 4000 年 仰韶文化廟底溝型,是仰韶文化的繁榮期。

外國:
- 前 4000 年 西亞美索不達米亞地區的蘇美爾人創造出文字。
- 前 4000 年 埃及進入階級社會,並於前 2000 年成為強大的集權制國家。
- 前 4000 年左右 尼羅河上出現了帆船。
- 前 4000 年左右 秘魯開始了使用馬的歷史。
- 前 3800 年 英國修建了世界上最早的人行道。

前 3750

外國:
- 前 3600 年 蘇美爾人開始出現聚居區內,生產的擴大化造成貧富差異和私有制。

前 3500

中國:
- 約前 3500 年 紅山文化出現,為北方新石器文化的代表。
- 約前 3400 年 內蒙古富河文化出現。
- 約前 3300 年 湖北屈家嶺遺址,發現彩陶紡輪。
- 約前 3300 年 太湖良渚文化出現,發現精美玉器。
- 約前 3300 年 甘肅臨洮馬家窰文化出現。

外國:
- 前 3500 年 駱駝被秘魯人馴養成供馱運用的交通工具。
- 前 3300 年 蘇美爾人發明了最早的文字。
- 前 3300 年左右 西班牙的勞斯·米力米斯建造了共同埋葬用的帶墓道的石室墓。

前 3250

外國:
- **前 3200 年 古埃及文明**
- 前 3200 年 美尼斯國王統一上、下埃及,建立第一個統治埃及的王朝。
- 前 3200 年 古埃及出現了最初的"神聖文字"。
- 前 3200 年左右 愛爾蘭的新格蘭斯建造了帶墓道的石室墓。
- 前 3100 年 美索不達米亞地區多個種族融合為蘇美爾人。
- 前 3100 年左右 美索不達米亞建設了烏爾(Ur)等蘇美爾人的城市國家。

前 3000

中國:
- 約前 3000 年 西藏昌都卡諾新石器時代遺址。
- 約前 3000 年 安徽凌家灘遺址,出土精美玉器。
- 約前 3000 年 紅山文化牛河梁女神廟遺址,出土裸體女神陶像。
- 約前 2800 年 氏族制解體微露端倪。

外國:
- **前 3000 年 早期亞述王國**
- 前 3000 年左右 美索不達米亞出現了車輪。
- 前 2850 年 愛琴海一帶形成以葡萄、橄欖為主的大片農副業種植區。
- **前 2800 年 蘇美爾早王朝**

前 2750

外國:
- **前 2700 年 吉爾伽美什王國**
- 前 2700 年 愛琴海地區的基克拉迪斯島成為小亞細亞與希臘半島間重要的海上中轉站。
- 前 2613 年 埃及古王國進入第 4 王朝時期,著名的吉薩金字塔群就誕生於這一時期。
- **前 2600 年 米諾斯文明**
- 前 2600 年 愛琴海上的最大島嶼——克里特島,發現了米諾斯王的王宮和大量文物。
- 前 2600 年左右 舉世聞名的胡夫金字塔建成。
- 前 2590 年 金字塔前巨大的斯芬克斯像雕鑿完成。

前 2500

中國歷史大事年表	公元紀年軸	外國歷史大事年表

前 2500

- 約前 2500 年 龍山文化，出現了輪製陶器、玉器。
- 約前 2500 年 山東龍山文化，黑陶是顯著特色。
- 約前 2500 年 河南平糧台古城址，面積達 50000 平方米。
- 約前 2500 年 山西襄汾陶寺遺址。

前 2500 年 烏爾第一王朝
- 前 2500 年左右 來自西方的移民來到印度河流域。
- 前 2500 年 蘇美爾早王朝時期的烏爾第一王朝建立。

前 2400

- 前 2400 年 台灣台北圓山文化。

- 前 2400 年 各種相同類型的陶器在歐洲北部普及開來，成為人們日常生活所需的用品。
前 2350 年 阿卡德王國
- 前 2350 年 阿卡德人統一兩河流域南部，給美索不達米亞的經濟文化帶來新發展。

前 2300

- 前 2300 年 墨西哥居民開始形成以農業為主的村莊。
- 前 2300 年左右 阿卡德國王薩爾貢征服了蘇美爾。
前 2250 年 哈拉帕文明
- 前 2250 年 印度河流域的哈拉帕（Harappa）文明開始與兩河流域諸國有商業往來。

前 2200

- 約前 2150 年 河南登封王城崗遺址。

- 前 2200 年 厄瓜多爾地區的居民普遍使用陶器。
- 前 2200 年左右 講最初形式的希臘語的印歐語系民族侵入希臘半島。
- 前 2200 年左右 愛爾蘭開始了青銅器時代。
- 前 2113 年 烏爾第三王朝時期開始，並產生了世界史上第一部法典——《烏爾納木法典》。

前 2100

- 約前 2100 年 河南偃師二里頭。
夏 約前 2070 年
- 約前 2050 年 大禹治水取得成功。

- 前 2100 年 蘇美爾人開始用曬乾的泥磚建造大型的山嶽台建築。
- 前 2080 年 喜克索人從巴勒斯坦向敍利亞和埃及進行軍事擴充。
- 前 2050 年 強盛的早期亞述王國衰落。

前 2000

- 約前 2000 年 甘肅、青海境內的齊家文化遺址。
- 約前 1990 年 啟建立夏朝，奴隸社會開始。
- 約前 1980 年 太康繼承啟位為天子。
- 約前 1950 年 太康卒，其子仲康即位。
- 約前 1940 年 夷羿掌握了真正的政權。
- 約前 1925 年 仲康卒，其子相繼帝位。

前 2000 年 亞述王國
- 前 2000 年左右 秘魯出現了有祭祀中心的部落。
- 前 1950 年 腓尼基人處於埃及的統治之下。

前 1900

- 約前 1900 年 河南偃師二里頭宮殿遺址。
- 約前 1890 年 少康從外祖父家逃奔有虞氏。
- 約前 1880 年 少康開始積蓄力量，準備回國奪取政權。
- 約前 1868 年 少康帶來了夏朝的中興，史稱"少康中興"。
- 約前 1850 年 予繼承了皇位，開始征伐東夷。

- 前 1900 年 瑪雅人出現在中美洲地區並開始定居生活。
前 1894 年 古巴比倫王國
- 前 1894 年 巴比倫建立城邦，美索不達米亞文明發展至頂峰。

前 1800

- 約前 1800 年 予的兒子槐繼承了王位。
- 約前 1770 年 九夷朝夏，四方基本安定。
- 約前 1760 年 槐建立圜土（即監獄）。

- 前 1800 年 雅利安人開始佔據印度河流域，哈拉帕文明衰落。
- 前 1800 年左右 古巴比倫發明了乘、除法表，以及計算根、立方根、倒數和指數的表格。
- 前 1750 年 巴比倫在漢謨拉比的統治下成為統一的專制國家，世界上第一部成文法典《漢謨拉比法典》完成。

前 1700

- 約前 1650 年 孔甲繼位。夏朝開始走下坡路。
- 前 1620 年 泰山發生地震，它是目前世界上最早關於地震的記錄。
- 前 1614 年 桀即位，他是夏代最後一個統治者。

前 1700 年 西台王國
- 前 1700 年 西台（Hitite）王國興起於小亞細亞地區。
- 前 1700 年 秘魯地區的居民使用陶器，並開始有組織的大型宗教活動。
- 前 1674 年 埃及進入由喜克索人統治的時期

前 1600

商 約前 1579 年
- 前 1579 年 湯推翻了夏朝。
- 約前 1562 年 湯建立商朝。
- 約前 1550 年 成湯卒，太子太丁之弟外丙繼位。
- 約前 1548 年 外丙卒，弟仲壬繼位。
- 約前 1544 年 商朝進入第一次興盛。
- 約前 1533 年 太甲卒，其子沃丁繼位。

- 前 1600 年 最早的輕型戰車的研究接近完成。
- 前 1595 年 土耳其境內的西台人發動對巴比倫的戰爭，強大的古巴比倫王國衰落。
- 前 1570 年 埃及進入新王國時期。
- 前 1550 年左右 雅赫摩斯一世成功逐出了埃及的遊牧民族。
- 前 1530 年 哈特謝普蘇特成為古埃及的女法老。

前 1500

● 中國　　　● 歐洲　　　● 非洲　　　● 亞洲　　　● 美洲　　　● 大洋洲

中國歷史大事年表	公元紀年軸	外國歷史大事年表

前 1500

● 約前 1491 年 雍己繼位。商朝出現了第一次衰落。
● 約前 1479 年 雍己卒，弟太戊繼位。商朝再次復興。
● 約前 1404 年 仲丁即位，並將商朝的都城自亳遷到了囂。

● 前 1500 年左右 西台人開始使用鐵器。
● 前 1500 年左右 墨西哥出現了以聖洛倫索為中心的奧爾梅克文化。
● 前 1500 年左右 雅利安人來到旁遮普地區，印度文明覆滅。
● 前 1450 年 米諾斯文明因火山爆發而衰落，邁錫尼人進駐克里特諸島。

前 1400

● 約前 1378 年 河甲將都城由囂遷到了相。商朝第二次衰落。
● 約前 1369 年 祖乙即位，並將都城由相遷到了邢。商朝第三次復興。
● 前 1369 年 卜辭記載日珥，這是人類關於日珥的首次記錄。

● 前 1375 年 亞述王國進入發展中期。
● 前 1348 年 埃及新王國阿蒙霍特普四世興建新首都阿馬納城。
● 前 1304 年 拉美西斯二世重新組建埃及王國。

前 1300

● 約前 1312 年 盤庚將都城由奄遷到了殷。商朝迎來鼎盛期。
● 約前 1284 年 商代又一次出現衰落現象。
● 約前 1271 年 武丁即位。商朝再次興盛，史稱"武丁中興"。

● 前 1280 年 埃及國王拉美西斯二世與入侵的西台人議和。
● 前 1260 年左右 摩西率希伯來人逃出埃及。
● 前 1250 年 邁錫尼與特洛伊在土耳其境內展開了長達十數年的特洛伊戰爭。
● 前 1250 年 腓尼基文明在黎巴嫩地區發展成熟，並出現了字母型文字。

前 1200

● 約前 1200 年 三星堆文化。
● 約前 1164 年 康丁繼位。確立了嫡長子繼承制。
● 前 1147 年 武乙即位。周興起。
● 前 1113 年 文丁即位。

● 前 1200 年 墨西哥灣沿岸的奧爾梅克人開始建造大型的祭廟建築。
● 前 1200 年 秘魯沿岸出現了查文文化（Chavin）。
● 前 1160 年 古埃及拉美西斯三世開始在底比斯修建規模龐大的宮殿和祭廟。

前 1100

● 約前 1099 年 辛（紂王）即位，他是商代的亡國之君。
● 前 1066 年 牧野之戰，武王推翻商朝。

周　前 1065 年　（西周）

● 前 1065 年 武王建立周朝，並分封諸侯。
● 前 1064 年 武王卒。其子誦繼位，為周成王。
● 前 1058 年 周公旦制禮作樂。
● 前 1056 年 周成王營建東都洛陽。

● 前 1100 年 南美洲出現了有着精美黃金飾品的查文文明。

前 1085 年 埃及後王朝

前 1000

● 前 976 年 昭王子即位，為穆王。
● 前 964 年 穆王西征，到達青海一帶。

● 前 1000 年左右 希臘人開始向愛琴海各島移民。
● 前 1000 年左右 雅利安人進入恆河流域。
● 前 1000 年左右 希伯來人建立自己的王國。
● 前 990 年 邁錫尼文明分裂，歐洲文明發展停滯。
● 前 950 年 多利安人入侵希臘大陸。

前 900

● 前 877 年 胡即位，為周厲王。
● 前 841 年 國人暴動，將周厲王趕下了王位。
● 前 828 年 "共和"時代結束。
● 前 827 年 宣王即位。周、召輔政，周室的元氣藉此有所恢復。

● 前 900 年 希臘地區開始出現少量的玻璃製品。
● 前 900 年左右 希臘南部，斯巴達建立。
● 前 900 年左右 西非的諾克人用硬陶土製作了獨特的頭像。
● 前 850 年左右 秘魯的查文·德·萬塔爾的神殿裏舉行了膜拜"笑神"的巡禮。
● 前 814 年 地中海沿岸的腓尼基人在突尼斯建立了殖民城市迦太基。

前 800

● 前 797 年 宣公討伐太原之戎。
● 前 789 年 宣王伐申戎，得勝。
● 前 788 年 宣王在位時，"不籍千畝"，以放寬對山林川澤的控制。
● 前 776 年 九月六日發生日蝕，這是世界上最早最確切的日蝕記錄。

春秋　前 770 年（東周）

● 前 800 年左右 伊特魯里亞人開始在意大利半島中部的西側建造城市。
● 前 776 年 第一屆奧林匹克運動會召開。
● 前 734 年 希臘人在西西里島的西拉庫薩建立殖民城市。
● 前 720 年 亞述吞併巴比倫成為西亞最強大的帝國，並開始向外擴張。

前 700

● 前 689 年 衛惠公逃亡後復國。
● 前 686 年 齊國內亂，襄公被殺。
● 前 681 年 齊桓公開始了他的霸業。
● 前 663 年 齊桓公發兵救燕，攻伐山戎。

● 前 700 年 古希臘文學家荷馬記錄特洛伊戰爭的作品《伊里亞特》完成。
● 前 612 年 亞述帝國被新巴比倫王國和米底王國瓜分。
● 前 605 年 尼布加尼撒二世即位，新巴比倫國王開始了最為輝煌的階段。

前 600

● 前 594 年 魯國實行"初稅畝"。
● 前 589 年 晉齊發生鞍之戰。
● 前 584 年 吳國興起。
● 前 565 年 晉悼公恢復霸業。

● 前 600 年《伊索寓言》完成。
● 前 594 年 梭倫擔任雅典執政官，他制定法律解放了因借錢而淪為奴隸的雅典市民。
● 前 586 年 新巴比倫攻陷耶路撒冷，劫走了那裏的居民。

前 550 年 波斯帝國

● 前 530 年 佛教創始人喬達摩·悉達多參悟佛理，開始四處講法。
● 前 510 年 羅馬共和時期開始。
● 前 508 年 雅典確立了民主政權。

前 500

中國歷史大事年表	公元紀年軸	外國歷史大事年表
● 前 496 年 吳王闔閭攻打越國。 ● 前 494 年 吳王夫差再次攻打越國，戰勝了越國。 ● 前 486 年 吳王夫差開邗溝，溝通長江、淮河，是中國最古的運河。 ● 前 484 年 伍子胥自盡。	前 500	● 前 500 年 古希臘數學家畢達哥拉斯逝世。 ● 前 500 年左右 閃米特裔的民族從阿拉伯南部移居到埃利特里亞和埃塞俄比亞。 ● 前 490 年 波斯與希臘城邦在馬拉松的戰爭以希臘人獲勝而告終。 ● 前 486 年 釋迦牟尼在拘尸那迦城的婆羅林涅槃。 ● 前 480 年 在溫泉關海戰中，波斯艦隊全軍覆沒。
戰國　前 475 年（東周） ● 前 473 年 勾踐滅吳，夫差自盡。 ● 前 458 年 知氏、韓氏、趙氏、魏氏兼併范氏和中行氏。 ● 前 453 年 趙、韓、魏分晉。	前 475	● 前 469 年 古希臘哲學家蘇格拉底誕生。 ● 前 460 年 雅典進入伯里克利獨裁的黃金時期。 ● 前 456 年 古希臘戲劇家埃斯庫羅斯創作的《俄瑞斯忒亞》完成。
● 前 433 年 曾侯乙卒，曾侯乙墓建成。	前 450	● 前 450 年 古羅馬公佈十二銅表法。 ● 前 447 年 帕台農神廟等衛城上建築的修建活動開始。 ● 前 431 年 希臘各城邦之間爆發伯羅奔尼撒戰爭。
● 前 416 年 魏文侯出兵平晉亂。 ● 前 406 年 魏文侯任用李悝改革。 ● 前 403 年 韓、趙、魏封侯，三晉伐齊。 ● 前 403 年 魏文侯任命西門豹為鄴地的縣令，治理鄴縣。	前 425	● 前 419 年 通過國王腓力二世一系列的改革政策，馬其頓王國興起。 ● 前 409 年 柏拉圖拜蘇格拉底為師。
● 前 391 年 田和完全控制了齊國。 ● 前 386 年 齊國田和立為齊侯，成為諸侯國的一員。 ● 前 383 年 趙國大舉進攻衛國，魏、衛聯合擊敗了趙軍。	前 400	● 前 400 年 意大利淪為羅馬的殖民地。 ● 前 400 年左右 玻利維亞的的喀喀湖畔的蒂瓦納庫（Tiwanaku）開始有農耕家族定居。 ● 前 399 年 斯巴達、波斯與希臘之間的戰爭進入混亂狀態。 ● 前 390 年 高盧人洗劫羅馬。 ● 前 386 年 佛教徒第二次集結後將佛教正式分裂為上座部與大眾部兩大派。
● 前 361 年 魏國開鑿鴻溝（即運河），溝通了黃河與圃田（今河南中牟西）。 ● 前 358 年 魏國修築長城。	前 375	
● 前 350 年 商鞅在秦國實行第二次變法。 ● 前 342 年 齊魏馬陵激戰，魏軍慘敗。 ● 前 334 年 齊魏徐州相王。 ● 前 333 年 楚齊徐州之戰，趙築長城。	前 350	● 前 338 年 馬其頓國王擊敗希臘城邦的對抗。 ● 前 336 年 亞里斯多德在雅典創建學校。 ● 前 336 年 馬其頓王腓力二世遇刺身亡，其子亞歷山大即位。在隨後的幾年裏，亞歷山大大帝先後征服了土耳其、敘利亞、黎巴嫩、埃及等地，摧毀了波斯王朝。 ● 前 327 年 亞歷山大入侵印度西北部。
● 前 323 年 "五國相王" 聯合抗秦。 ● 前 318 年 魏、趙、韓、楚、燕五國合縱攻秦。 ● 前 312 年 張儀破齊楚之盟。 ● 前 307 年 趙武靈王命令所屬軍隊實行胡服騎射。	前 325	**前 324 年 孔雀王朝** ● 前 324 年 印度建立了統一王朝——孔雀王朝。 ● 前 323 年 亞歷山大病死在巴比倫。 ● 前 312 年 羅馬人開始在境內修建公共道路與輸水管道。 **前 304 年 托勒密王朝** ● 前 304 年左右 庫施王國從蘇丹的麥羅埃打開了新的貿易通路。 ● 前 304 年 希臘人在埃及建立托勒密王朝。
● 前 300 年 趙國修築北長城。 ● 約前 299 年 屈原寫下了千古流傳的楚辭《離騷》。 ● 前 288 年 秦、齊稱帝。 ● 前 283 年 趙國的藺相如 "完璧歸趙"。	前 300	● 前 300 年 秘魯南部的帕拉卡斯（Paracas）文明生產出精美的刺繡織物。 ● 前 300 年左右 秘魯北岸出現了莫奇卡（Mochica）文化。 ● 前 290 年 位於法羅斯的亞歷山大燈塔建成。 **前 279 年 迦拉太王國**
● 前 260 年 趙王派趙括接替廉頗領軍出戰，全軍覆沒。 ● 前 255 年 秦滅西周。 ● 前 251 年 李冰在蜀郡興修水利。	前 275	● 前 264 年 古羅馬人與迦太基人之間的第一次布匿戰爭接近尾聲，羅馬獲得西西里地區。 ● 前 255 年 日本正值彌生文化時期，人們開始種植水稻。
● 前 246 年 秦國興建鄭國渠。 ● 前 230 年 秦派內史騰攻打韓國，韓國滅亡。 ● 前 221 年 秦始皇統一全國。	前 250	● 前 250 年 古印度孔雀王朝阿育王統治時期，佛教得到大力扶持。 ● 前 250 年 佛教僧人在阿育王的首都華氏城舉行大集會。 **前 247 年 帕提亞（安息）王國** ● 前 247 年 波斯的帕爾尼部族打敗塞琉西王國軍隊，建立帕提亞王國（Parthia），中國史稱安息王國。
秦　前 221 年 ● 前 221 年 秦王嬴政自稱秦始皇，又統一度量衡、統一文字等。 ● 前 220 年 秦始皇在全國範圍內統一了貨幣。 ● 前 214 年 秦始皇命人修建萬里長城。 ● 前 210 年 秦始皇卒。 **漢　前 206 年 西漢**	前 225 前 200	● 前 218 年 漢尼拔將軍率領的迦太基軍隊與羅馬人爆發第二次布匿戰爭。 ● 前 212 年 羅馬軍隊攻佔了西西里島的城市卡普阿，其間數學家阿基米德被殺害。 ● 前 204 年 將荷馬史詩《奧德賽》翻譯為拉丁文的羅馬詩人安德羅尼庫斯逝世。 ● 前 202 年 漢尼拔率領的迦太基軍被羅馬軍隊打敗。

● 中國　　● 歐洲　　● 非洲　　● 亞洲　　● 美洲　　● 大洋洲

中國歷史大事年表	公元紀年軸	外國歷史大事年表

前 200

- 前 200 年 漢高祖率大軍白登山解圍。
- 前 195 年 劉邦卒，葬於長陵。
- 前 193 年 漢相國蕭何去世，曹參繼任相國一職，史稱"蕭規曹隨"。

- 約前 200 年 斯里蘭卡國王信奉佛教並大興佛寺。
- 前 200 年左右 中美洲開始了瑪雅初期古典時代。
- 前 200 年左右 秘魯南部開始出現納斯卡（Nazca）文化。
- 前 185 年 印度孔雀王朝滅亡。

前 175

- 前 157 年 漢文帝卒，漢景帝劉啟即位。
- 前 154 年 西漢同姓王七國叛亂。

- 前 170 年 印度因受大夏人與帕提亞（安息）人的攻擊，文化中開始出現希臘風格。
- 前 168 年 羅馬軍隊滅亡了馬其頓，統治希臘。

前 150

- 前 150 年 景帝廢太子劉榮為臨江王，立膠東王劉徹為太子。
- 前 141 年 漢景帝卒，漢武帝即位。
- 西漢建元元年　前 140 年 漢武帝始建年號，稱漢武帝建元元年。
- 西漢建元三年　前 138 年 張騫出使西域。

- 前 146 年 第三次布匿戰爭後，迦太基王國被徹底消滅。
- 前 138 年 第一次西西里奴隸起義爆發。

前 125

- 西漢元狩四年　前 119 年 衛青、霍去病出擊匈奴。
- 西漢元鼎二年　前 115 年 張騫開闢絲綢之路。
- 西漢元鼎六年　前 111 年 在番禺（今廣州）設置南海等六郡。

- 前 121 年 高盧南部被羅馬征服，成為羅馬屬州。
- 前 107 年 羅馬將軍馬略創立新的軍隊形式。
- 前 105 年 北非的努米底亞成為羅馬行省。

前 100

- 西漢天漢元年　前 100 年 蘇武受命出使匈奴。
- 西漢天漢二年　前 99 年 司馬遷開始創作巨著《史記》。
- 西漢征和四年　前 89 年 漢武帝下《輪台罪己詔》。
- 西漢後元二年　前 87 年 武帝卒，漢昭帝即位。

- 前 100 年 佛教傳入希臘屬地巴克特里亞地區。
- 前 100 年左右 通過絲綢之路，羅馬與中國之間開始了貿易往來。
- 前 91 年 羅馬爆發行省居民為爭奪公民權的同盟者戰爭。
- 前 90 年 北美洲的霍霍坎人（Hohokam）建築圓形球場，這些球場是宗教建築的一部分還是娛樂設施至今仍未破解。
- 前 82 年 原執政官蘇拉佔領羅馬。

前 75

- 西漢元平元年　前 74 年 昭帝卒，漢宣帝即位。
- 西漢神爵二年　前 60 年 漢朝在西域設置都護府。

- 前 71 年 轟轟烈烈的斯巴達起義被鎮壓。
- 前 65 年 羅馬將軍龐培率兵東侵安息。
- 前 63 年 羅馬軍隊破壞耶路撒冷。
- 前 60 年 羅馬進入由凱撒、蘇拉和龐培三大統領執政的前三雄時期。
- 前 53 年 羅馬軍隊在美索不達米亞慘敗於帕提亞人之手。
- 前 51 年 著名的埃及艷后克里奧巴特拉繼承埃及王位。

前 50

- 西漢黃龍元年　前 49 年 宣帝卒，漢元帝即位。
- 西漢竟寧元年　前 33 年 王昭君出塞和親。
- 西漢建始四年　前 29 年 漢成帝罷中書宦官，初置尚書。
- 西漢河平三年　前 26 年 漢成帝命劉向校經傳、諸子、詩賦。

- 前 45 年 凱撒掌握了羅馬世界的統治權。
- 前 43 年 凱撒被刺殺一年後，屋大維、李必達與安東尼開創羅馬後三雄時代。
- 前 31 年 在亞克興的海戰失利後，埃及艷后克里奧巴特拉自殺，埃及淪為羅馬行省。
- 前 29 年 屋大維排除異己，創立新的集權官僚制。

前 27 羅馬帝國
- 前 27 年 屋大維自稱奧古斯都，羅馬進入帝國時期。

前 25

- 西漢陽朔三年　前 22 年 潁川鐵官徒申屠聖起義，稱將軍，攻掠九郡。
- 西漢綏和二年　前 7 年 孔光、何武上限田之議。
- 西汉元寿二年　前 1 年 哀帝卒，漢平帝即位，王莽執掌大權。

- 前 5 年 耶穌在伯利恆誕生。
- 前 2 年 大月氏使臣向漢人傳授佛法。

1

- 西漢居攝二年　7 年 衛青、霍去病出擊匈奴。
- 西漢初始元年　8 年 王莽稱帝。
- 西漢王莽新政天鳳四年　17 年 綠林軍起義。
- 西漢天鳳五年　18 年 赤眉軍起義。

- 6 年 潘諾尼亞大起義。
- 9 年 日耳曼人起義。
- 14 年 屋大維去世。

25 年 東漢　**25**

- 東漢建武元年　25 年 劉秀稱帝，為漢光武帝。建立東漢政權。
- 東漢建武六年　30 年 恢復西漢田租三十稅一制。
- 東漢建武十五年　39 年 詔令州郡度田。
- 東漢建武二十四年　48 年 南匈奴呼韓邪單于向東漢稱臣。

- 29 年 耶穌被釘死在十字架上。
- 40 年 瑪利塔尼亞（今摩洛哥和阿爾及利亞西北部）被羅馬征服。
- 43 年 不列顛島被羅馬人佔領。

50 年 貴霜帝國　**50**

- 東漢建武三十年　54 年 史學家班固著中國第一部紀傳體斷代史《漢書》。
- 東漢永平七年　64 年 漢明帝劉莊派大臣赴天竺求佛。
- 東漢永平八年　65 年 佛教傳入中國見於文獻記載。
- 東漢永平十六年　73 年 班超出使西域。

- 50 年 統治中亞及印度北部的貴霜王朝（Kushan）建立。
- 50 年左右 秘魯的納斯卡人在沙漠上繪製了謎一般的巨大圖案。
- 54 年 羅馬歷史上的第一位暴君尼祿繼位。
- 61 年 羅馬軍隊開始溯尼羅河而上，在蘇丹探險。
- 64 年 羅馬城發生大火，大部分城市建築被摧毀。
- 69 年 古羅馬大競技場在原尼祿宮殿的人工湖址上興建。
- 70 年 猶太起義失敗，羅馬軍隊在耶路撒冷進行屠殺。

75

- 東漢章和二年　88 年 漢和帝即位，竇太后臨朝。
- 東漢永元元年　89 年 竇憲大破北匈奴於稽落山。
- 東漢永元九年　97 年 西域都護班超派遣甘英出使大秦、條支。

- 79 年 維蘇威火山爆發摧毀了龐培城。
- 98 年 古羅馬第一位來自行省的皇帝圖雷真繼位。他開創出了羅馬最為輝煌的時期。

100

中國歷史大事年表	公元紀年軸	外國歷史大事年表

100

- 東漢永元十二年　100 年 許慎寫成中國第一部按部首編排的字典《説文解字》的初稿。
- 東漢永元十七年　105 年 蔡倫改進造紙術，製成了 "蔡侯紙"。
- 東漢永初元年　107 年 羌人大規模起義。

- 100 年 非洲東海岸的埃塞俄比亞地區通過海上貿易逐漸興盛。
- 100 年左右 在秘魯北部的西哈恩，莫奇卡文化開始繁榮。
- 100 年左右 美洲玻利維亞的喀喀湖畔的蒂瓦納庫城正在發展，蒂瓦納庫人用芒葦製作筏子在湖上往來。
- 113 年 圖雷真廣場的柱廊、浴場和廣場建築基本完工。
- 121 年 哈得利亞努斯王開始在英國建造城牆。

125

- 東漢陽嘉元年　132 年 張衡研製地動儀成功，這是世界上第一台地震儀器。
- 東漢永和三年　138 年 張衡準確記錄了隴西地震。
- 東漢建康元年　144 年 炳繼位，為漢沖帝，年號永，皇太后梁氏臨朝稱制。

- 132 年 猶太人再一次掀起反抗羅馬統治的起義。
- 135 年 猶太人反抗羅馬起義的失敗導致耶路撒冷城被毀。

150

- 東漢延熹二年　159 年 梁氏被誅。朝廷大權盡歸宦官。
- 東漢延熹八年　165 年 初次下令郡國有田者，按畝收稅，每畝十錢。
- 東漢永康元年　167 年 第一次黨錮之禍。
- 東漢建寧二年　169 年 士人與宦官鬥爭至白熱化，宦官大興黨獄。

- 150 年 羅馬的經濟、政治都陷入危機之中，奴隸起義和外族入侵頻繁。

175

- 東漢熹平四年　175 年 靈帝下令將儒家經典刻寫在石碑上，這是中國歷史上第一次將儒家經典刻在石碑上。
- 東漢中平元年　184 年 張角發動 "黃巾軍" 起義。
- 東漢昭寧元年　189 年 董卓廢少帝而立陳留王為帝，即漢獻帝。
- 東漢初平元年　190 年 董卓挾獻帝遷都長安。

- 180 年 美洲印第安人建造了太陽金字塔。
- 180 年 日本群島散落的部落開始走向統一。
- 185 年 基督教登上非洲大陸並開始傳播。
- 190 年 美洲玻利維亞蒂瓦納庫（Tiwanaku）文明開始萌芽。
- 193 年 羅馬第二位暴君康茂德被刺殺，非洲將領賽維魯即位。
- 195 年 帕提亞人（安息人）佔領印度北部，並開始擴充實力。

200

- 東漢建安五年　200 年 官渡之戰，孫權據有江東。
- 東漢建安十三年　208 年 孫權、劉備聯軍破曹軍於赤壁，史稱 "赤壁之戰"。
- 三國 220 年 魏
- 三國魏黃初元年　220 年 曹丕稱帝，國號魏。
- 221 年 蜀
- 三國蜀漢章武元年　221 年 劉備稱帝，國號漢。
- 222 年 吳

- 200 年左右 為了鞏固羅馬在北非的領地，賽維魯皇帝修建了要塞和長長的護城河。
- 210 年 貴霜帝國分裂為若干小國。
- 211 年 卡拉卡拉皇帝加冕。
- 212 年 卡拉卡拉敕令頒佈，授予各個行省自由民以羅馬公民權。
- 216 年 羅馬城中兩大浴場之一的卡拉卡拉浴場首先完工。

225

- 三國蜀漢建興三年　225 年 諸葛亮平定南中叛亂。
- 三國吳黃龍元年　229 年 孫權稱帝，國號吳。
- 三國魏嘉平元年　249 年 司馬懿發動高平陵政變。

- 226 年 薩珊王朝
- 226 年 古代波斯最後一個王朝——薩珊王朝建立。
- 235 年 羅馬帝國開始內戰。
- 238 年 北非發生了反對羅馬統治的叛亂，揭開了北非長達半個世紀的混亂歷史。
- 240 年 瑪雅文明的龐大城市在中美洲叢林中出現，瑪雅文明開始走向全盛時期。
- 245 年 法蘭克人渡過萊茵河，開始入侵高盧地區。

250

- 三國魏景元四年　263 年 曹魏擊滅蜀漢。
- 晉 265 年 西晉
- 西晉泰始元年　265 年 司馬炎即位，是為西晉武帝。建都洛陽。
- 三國吳建衡三年　271 年 吳帝孫皓舉兵攻晉，晉遣將屯壽春拒之，吳師中道退兵。

- 250 年左右 危地馬拉、洪都拉斯、墨西哥東部地區進入古典期瑪雅文化時代。
- 263 年 西西里爆發奴隸起義。
- 271 年 奧勒利安皇帝開始在羅馬修建大城牆。

275

- 西晉太康元年　280 年 西晉滅吳，全國統一。
- 西晉太康三年　282 年 醫學家、歷史學家皇甫謐去世。
- 西晉永熙元年　290 年 晉武帝卒，皇太子衷嗣位，是為惠帝。
- 西晉永平元年　291 年 八王之亂始。

- 284 年 戴克里先皇帝創立了由四個皇帝共同統治羅馬帝國的體制。
- 295 年 戴克里先皇帝開始強化北非的統治體制。

300

- 西晉永嘉二年　308 年 漢王劉淵稱皇帝。
- 317 年 東晉
- 西晉建武元年　317 年 司馬睿於建康即位稱帝，東晉建立。
- 西晉大興二年　319 年 石勒稱王，以趙為國號，史稱後趙。
- 東晉永昌元年　322 年 晉元帝卒，太子司馬紹即位，是為晉明帝。

- 300 年初，波里尼西亞文化興起。
- 300 年左右 南非的班圖人開始了農耕和畜牧。
- 300 年 一位印度哲人用詩的形式寫成了《愛的格言》一書。
- 306 年 君士坦丁繼承羅馬皇位。
- 313 年 君士坦丁大帝簽署 "米蘭赦令"，從法律上給予基督教合法地位。

- 約 320 年 笈多王朝
- 約 320 年 中世紀統一印度的第一個封建王朝——笈多王朝建立。

325

- 東晉咸和元年　326 年 石勒令王波典定九流，始立秀、孝試經之制。
- 東晉咸和三年　328 年 東晉、前涼、成漢、前趙、後趙並存局面形成。
- 東晉咸和五年　330 年 石勒稱帝，改元建平。
- 東晉永和三年　347 年 桓溫率軍西進滅蜀。

- 325 年 君士坦丁大帝召開尼西亞宗教會議，開世俗權力干預教會事務的先河。
- 330 年 君士坦丁大帝正式遷都君士坦丁堡（今土耳其伊斯坦布爾），並正式將其定為東羅馬帝國首都。至此，統一的古羅馬帝國分裂為東、西兩部分，這也預示著繁榮的古羅馬帝國時期一去不復返。

350

- 東晉永和九年　353 年 殷浩北伐前秦。
- 東晉永和十二年　356 年 桓溫收復洛陽。
- 東晉昇平元年　357 年 王猛為前秦尚書。
- 東晉太和五年　370 年 秦王苻堅遣兵滅燕。

- 350 年左右 蘇丹的庫施王國的麥羅埃朝，在阿克蘇姆王國的攻擊下滅亡。
- 360 年 匈奴族首次進入歐洲。

375

- 東晉太元元年　376 年 前秦統一北方。
- 東晉太元七年　382 年 前秦命呂光西征。
- 東晉太元八年　383 年 淝水之戰，前秦大敗。
- 386 年 北魏
- 北魏登國元年　386 年 鮮卑族拓跋部在北方建立魏國。

- 376 年 旃陀羅笈多二世即位。在他的領導下，笈多王朝迎來全盛期。
- 378 年左右 蒂卡爾在瑪雅各大城市間的鬥爭中勝出，迎來了其頂峰期。
- 395 年 東、西羅馬帝國
- 395 年 羅馬帝國分裂。
- 395 年 西羅馬帝國皇帝狄奧多西正式將基督教定為唯一國教，政府與教會對非基督教派及其教徒的迫害也開始了。基督教一步步發展為最大的宗教組織。

400

● 中國	● 歐洲	● 非洲	● 亞洲	● 美洲	● 大洋洲

中國歷史大事年表	公元紀年軸	外國歷史大事年表
	400	● 400 年 基督教開始在北非的阿克蘇姆王國中傳播。
		● 402 年 拉文納成為西羅馬帝國的首都。
南北朝 420 年 宋（南朝）		● 410 年 西羅馬帝國在西哥德人的猛烈攻擊之下陷落，東羅馬帝國依靠堅固的城牆防禦系統和堅實的物資保障，一次次擊退了敵人的進攻。
● 南朝宋永初元年　420 年 劉裕建立劉宋王朝。		
● 南朝宋永初三年　422 年 北魏明元帝建立太子監國制。		**419 年 西哥德王國**
		● 419 年 西哥德人在西羅馬帝國境內和西班牙建立日耳曼國家——西哥德王國。
● 南朝宋元嘉十六年　439 年 北魏太武帝經過 16 年征戰，統一北方。	425	● 432 年 基督教開始向愛爾蘭傳播。
● 南朝宋元嘉二十一年　444 年 北魏太武帝滅佛。		**439 年 汪達爾王國**
● 南朝宋元嘉二十七年　450 年 宋文帝北伐失敗，魏軍兵臨瓜步。		● 439 年 日耳曼人部落汪達爾人攻陷迦太基城，建立汪達爾王國。
● 南朝宋元嘉二十七年　450 年 北魏爆發國史之獄。	450	
● 南朝宋元嘉二十九年　452 年 北魏太武帝在政變中被殺。		
● 南朝宋元嘉三十年　453 年 宋文帝在政變中被殺。		
● 南朝宋泰始七年　471 年 文明太后開始改革。		
	475	● 476 年 古羅馬最後一位皇帝羅穆盧斯被入侵的外族廢黜。有着千年歷史的古羅馬退出了歷史的舞台。
479 年 齊（南朝）		**481 年 法蘭克王國**
● 南朝齊建元元年　479 年 蕭道成代宋，齊朝建立。		● 481 年 日耳曼部落的法蘭克人在高盧北部興起，建法蘭克王國。
● 北魏太和九年　485 年 北魏始實行均田制。		● 486 年 法蘭克國王克洛維大敗羅馬軍隊於蘇瓦松。此後，克洛維以蘇瓦松為首都，鞏固了法蘭克王國的統治。
● 北魏太和十七年　493 年 魏孝文帝遷都洛陽，開始推行漢化政策。		
502 年 梁（南朝）	500	● 500 年左右 印度數學家首創了"零"的概念。
● 南朝梁天監元年　502 年 蕭衍稱帝建梁，建元天監。		● 500 年左右 中亞的遊牧民族入侵印度。
● 北魏正光五年　524 年 北魏各族人民起義爆發。		● 500 年 波里尼西亞人進行航海活動。
	525	● 525 年 阿克蘇姆國王加列布征服阿拉伯半島的也門，在各地修建教堂。
534 年 東魏（北朝）		● 527 年 拜占庭皇帝查士丁尼一世即位。
● 北朝東魏天平元年　534 年 北魏分裂為東、西魏。		● 527 年 努西亞的聖本篤在羅馬南方的蒙特卡西諾修建修道院。
535 年 西魏（北朝）		● 534 年《羅馬法大全》編纂完成。
		● 537 年 君士坦丁堡開始修建聖索菲亞大教堂。
		● 538 年 佛教經中國傳入日本。
550 年 北齊（北朝）	550	● 550 年 蘇丹的努比亞人開始改宗基督教。
● 北朝北齊天保元年　550 年 高洋代東魏稱帝，建立北齊。		● 552 年左右 鶿被修道士們從中國偷運出境，拜占庭帝國開始生產絹織物。
557 年 北周（北朝） 陳（南朝）		
● 南朝陳永定元年　557 年 陳霸先代梁稱帝，建立陳朝。		
● 南朝陳永定元年　557 年 宇文覺代魏稱帝，建立北周。		
● 北周建德三年　574 年 周武帝滅佛。		
● 北周建德六年　577 年 北周滅北齊，統一北方。	575	● 595 年 印度的數學家使用十進制。
隋 581 年		
● 隋開皇元年　581 年 楊堅廢周稱帝，建立隋朝，定都大興。		
● 隋開皇三年　583 年 隋敗突厥，突厥分裂為東、西兩部。		
● 隋開皇九年　589 年 隋滅陳，南北統一。		
	600	● 600 年左右 愛爾蘭開始了文學與藝術的新時代。
● 隋仁壽四年　604 年 隋文帝卒，隋煬帝楊廣即位。		● 600 年之後 基督教內部兩派因意見不同而開始分裂。
● 隋大業元年　605 年 隋煬帝調民百萬開鑿通濟渠。		● 602 年左右 斯拉夫民族開始定居於巴爾幹半島。
● 隋大業八年　612 年 煬帝親征高麗。		● 606 年 戒日王開始在北印度的統治。
唐 618 年		● 610 年 穆罕默德開始在麥加傳教。
● 唐武德元年　618 年 李淵稱帝，建立唐朝，建元武德。		
● 唐武德九年　626 年 李世民發動玄武門之變，即位為唐太宗。	625	
● 唐貞觀十五年　641 年 文成公主入藏。		**634 年 伊斯蘭帝國**
● 唐貞觀十九年　645 年 玄奘去天竺學佛取經，帶回佛經六百五十七部。		● 640 年 穆罕默德的繼承者，第二代哈里發奧馬爾征服埃及。此後，阿拉伯人在北非擴大勢力，使伊斯蘭教得到普及。
● 唐貞觀二十三年　649 年 唐太宗卒，高宗李治繼位。		● 645 年 日本以中大兄皇子們為中心力量進行大化革新。
● 唐永徽二年　651 年 高宗令長孫無忌等修撰《永徽律》。	650	● 650 年左右 赫普維爾（Hopewell）文化固定於密西西比河上游。
● 唐顯慶三年　658 年 唐遷安西都護府於龜茲。		**661 年 倭馬亞王朝**
● 唐總章元年　668 年 李勣等攻滅高麗，置安東都護府。		● 661 年 阿拉伯帝國的敍利亞總督穆阿維葉建立倭馬亞（Umayyad）王朝。
● 唐調露元年　679 年 設安南都護府於交州。	675	● 675 年左右 從俄羅斯來的遊牧民族保加爾人定居多瑙河南部。
● 唐文明元年　684 年 武則天廢中宗為廬陵王，立李旦為皇帝。武則天臨朝稱制。		● 698 年 阿拉伯人攻破位於北非的拜占庭帝國的據點加爾各答，建立了新都市突尼斯。
● 唐天授元年　690 年 武則天稱帝，改國號為周。		
● 唐長壽元年　692 年 王孝傑大破吐蕃，收復安西四鎮。		
	700	

中國歷史大事年表	公元紀年軸	外國歷史大事年表

700

● 唐神龍元年　705 年 武則天被迫傳位中宗，復唐國號。
● 唐景雲元年　710 年 韋后毒殺中宗，李隆基與太平公主殺韋后，擁立睿宗。
● 唐先天元年　712 年 睿宗傳位於三子李隆基，是為玄宗。
● 唐開元元年　713 年 玄宗於驪山講武，起用姚崇為宰相，改元開元。

● 700 年左右 波里尼西亞人乘着木舟渡到了太平洋中部的島嶼上。

725

● 唐開元十九年　731 年 吐蕃遣使者求《毛詩》、《春秋》、《禮記》。
● 唐開元二十六年　738 年 立李亨為太子，冊南詔皮羅閣為雲南王，賜名蒙歸義。
● 唐天寶元年　742 年 安祿山為平盧節度使。

750　◀ 750 年 阿巴斯王朝

● 唐天寶十二年　753 年 鑑真和尚隨日本遣唐使東渡日本，傳揚佛教。
● 唐天寶十四年　755 年 "安史之亂"。
● 唐寶應元年　762 年 肅宗病卒，李豫即位，是為唐代宗。
● 唐寶應元年　762 年 大詩人李白卒。
● 唐大曆五年　770 年 詩人杜甫卒。

● 750 年 第一批毛利人到達新西蘭。
● 750 年 取代倭馬亞王朝的伊斯蘭第二大王朝──阿巴斯王朝（Abbasid）建立。
● 751 年 阿拉伯軍隊在怛羅斯河畔之戰中擊敗唐王朝軍隊。造紙術由此傳入阿拉伯世界。
● 751 年 倫巴底人攻陷拉文納，拜占庭帝國全部被外族侵佔。
● 768 年 丕平死後，法蘭克王國分裂。
● 771 年 建立法蘭克帝國的查理繼任加洛林王朝第二任君主。

775

● 唐大曆十四年　779 年 代宗卒，李適即位為帝，為唐德宗。
● 唐建中元年　780 年 宰相楊炎建議實行兩稅法。
● 唐建中二年　781 年 成德李惟岳、淄青李納、魏博田悅等河朔藩鎮叛唐。

● 775 年 夏連特王朝在馬來半島修建 "三聖廟"。
● 778 年 羅馬教皇格列高利一世收集彙編 "格列高利聖詠"。
● 779 年 麥西亞統一英格蘭地區。
● 780 年 非洲加納王國發展成為貿易強國。
● 793 年 維京襲擊英吉利海岸。

800　◀ 800 年 高棉王朝

● 唐永貞元年　805 年 順宗被迫讓位太子李純，改元永貞。
● 唐元和三年　808 年 "牛李黨爭" 開始。
● 唐元和十五年　820 年 憲宗為宦官所殺，穆宗即位。
● 唐長慶三年　823 年 唐朝與吐蕃結盟，並立了長慶會盟碑以作紀念。

● 800 年左右 波里尼西亞人開始定居在庫克諸島。
● 806 年 法國日爾米尼教堂建成。
● 809 年 在阿拉伯國家出現《天方夜譚》。（即《一千零一夜》）
● 813 年 阿巴斯朝的卡利費·瑪木恩治世。
● 822 年 創立日本天台宗的高僧最澄逝世。

825

● 唐大和九年　835 年 "甘露之變"。
● 唐會昌五年　845 年 唐武宗大舉滅佛。史稱 "會昌法難"。
● 唐會昌六年　846 年 武宗卒，宣宗即位，李德裕罷相，牛李黨爭結束。
● 唐會昌六年　846 年 詩人白居易卒。

● 835 年 丹麥人進攻英國。
● 843 年 凡爾登條約分割了法蘭克王國。
● 844 年 威爾斯開始了最初之王治世。
● 849 年 緬甸境內的蒲甘王朝建立，並奉阿利教密教為國教。

850

● 唐大中五年　851 年 以張義潮為沙州節度使，統河湟之地。
● 唐大中十三年　859 年 懿宗即位。
● 唐咸通七年　866 年 北庭回鶻僕固俊創立西州回鶻王國，定都西州。
● 唐咸通九年　868 年 徐泗地區龐勛起義。

● 850 年 阿拉伯人製成了天體觀測儀。
● 860 年 諾曼人開始遷移到俄羅斯地區定居。
● 861 年 諾曼人發現冰島。
● 866 年 俄羅斯人將基督教定為國教。
● 867 年 馬其頓王朝開始統治拜占庭帝國。

868 年 圖倫王朝
● 868 年 突厥人在埃及建立地方割據王朝──圖倫王朝（Tulunid）。
● 871 年 阿佛列大王在愛丁頓戰役中打敗維京人。結果，英格蘭受到阿佛列與維京的分割支配。

875

● 唐乾符二年　875 年 王仙芝、黃巢在濮州和曹州起兵反唐。
● 唐乾符五年　878 年 黃巢稱黃王，號沖天大將軍，建元王霸。
● 唐廣明元年　880 年 黃巢稱帝，國號大齊，改元金統。
● 唐中和四年　884 年 黃巢敗亡，唐末民變失敗。

● 885 年左右 喬拉朝統治着印度的大部。
● 885 年 丹麥大軍進攻巴黎。
● 889 年 庫美爾人開始在柬埔寨建設首都。
● 890 年 挪威首次獨立。

900

● 唐天復四年　904 年 昭宗被朱全忠所迫，遷都洛陽。

五代 907 年 後梁 ▶
● 唐天祐四年　907 年 王建即位，國號大蜀，中國歷史進入五代十國時期。
● 後梁貞明三年　917 年 劉岩稱帝於廣州，國號大越，建元乾亨。

923 年 後唐 ▶
● 後唐同光元年　923 年 李存勛稱帝一方，是為莊宗，建元同光。

936 年 後晉 ▶
● 後晉天福二年　937 年 徐知誥廢吳帝楊溥，自即帝位，國號大齊。
● 後晉開運元年　944 年 後蜀王孟昶作春聯，中國春聯開始出現。

947 年 後漢　遼 ▶
● 遼天祿元年　947 年 契丹改國號為遼，改元大同。
● 後晉天福十二年　947 年 劉知遠於太原稱帝，定國號為漢，是為後漢高祖

951 年 後周 ▶
● 後周廣順元年　951 年 郭威即帝位，國號周，是為後周太祖。
● 後周顯德元年　954 年 周太祖卒，養子柴榮嗣，是為世宗，改元顯德。
● 後周顯德六年　959 年 周世宗卒，子宗訓嗣，是為恭帝。

宋 960 年 北宋 ▶
● 北宋建隆元年　960 年 趙匡胤建立北宋王朝。

● 北宋太平興國元年　976 年 太祖暴卒，太宗奪取帝位。
● 北宋太平興國四年　979 年 北宋滅北漢，實現局部統一。
● 北宋雍熙三年　986 年 宋軍北伐幽燕。

● 900 年左右 特爾邁迪卡族在墨西哥建設首都圖拉。
● 900 年 庫克諸島的居民，遷至南新西蘭島。
● 900 年左右 馬加爾人從中亞入侵歐洲。
● 905 年 統治埃及和敍利亞的圖倫王朝滅亡。
● 911 年左右 維京人的首長羅斯定居在法蘭西的諾曼第。

● 936 年 奧托一世成為德意志之王。
● 936 年 高麗王氏統一朝鮮半島，並奉佛教為國教。

● 950 年 伊玻烏庫文化興盛於尼日利亞東部。

962 年 伽色尼王朝
● 962 年 阿富汗興起突厥人國家──伽色尼王朝（Ghaznavid）。
● 962 年 諾曼人的首長留里克進入俄羅斯北部，建立了諾夫哥羅德公國。
● 962 年 奧托一世被授予神聖羅馬帝國的皇帝之冠。
● 969 年 突尼斯的法蒂瑪王朝（Fatimid）從圖倫王朝手中奪回埃及，建都開羅。
● 970 年 法蒂瑪朝在開羅創立阿資哈爾大學。
● 978 年 弗拉基米爾一世成為基輔大公。
● 982 年 維京人艾里克到達格陵蘭，並將其命名為 "綠島"。
● 985 年 喬拉朝的拉加拉加一世即位。他征服了印度南部的凱撒地區和希倫島北部。

987 年 法蘭西王國
● 987 年 法蘭西王國建立。
● 990 年 波蘭建立天主教會。
● 998 年 加茲納朝的軍隊開始入侵印度。

1000

中國歷史大事年表	公元紀年軸	外國歷史大事年表

1000

● 北宋咸平四年　1001 年 國子祭酒邢昺等上新校訂《周禮》、《公羊傳》、《儀禮》、《穀梁傳》。

● 1000 年左右 培爾的農民栽培紅薯。

● 1000 年左右 意大利的羅馬、威尼斯、佛羅倫斯等地開始陸續成立都市國家。

● 北宋景德元年　1004 年 宋與遼訂立澶淵之盟。

1005

● 北宋景德三年　1006 年 北宋與黨項訂立和約。

● 北宋大中祥符元年　1008 年 真宗東封泰山

● 北宋大中祥符二年　1009 年 南京應天府富民曹誠捐資興建睢陽書院。

1010

● 北宋大中祥符四年　1011 年 真宗西祀汾陰。

● 1014 年 德國國王亨利二世加冕為神聖羅馬帝國皇帝。

1015

● 北宋大中祥符九年　1016 年 燕肅著成《海潮圖》、《海潮論》。

● 1018 年 第一保加利亞王國被拜占庭皇帝巴西爾二世所滅。

● 1019 年 俄羅斯各個小國家開始走向統一。

1020

● 北宋乾興元年　1022 年 真宗卒，仁宗即位，劉太后垂簾聽政。

● 1020 年 世界上最古老的長篇寫實小說《源氏物語》由日本女作家紫式部完成。

1025

● 1027 年 以開羅為首都統治埃及的法蒂瑪王朝分裂。

● 1028 年 西班牙摩爾人政權開始被基督教國家取代。

1030

● 北宋明道二年　1033 年 劉太后卒，仁宗親政。

● 1030 年 穆罕默德統治下的阿富汗地區建立起大帝國。

1035

● 北宋景祐三年　1036 年 嵩陽書院重修。

● 北宋寶元元年　1038 年 元昊稱帝，建國號大夏。

● 1037 年 俄羅斯基輔開始興建聖索菲亞教堂。

● 1037 年 伊比利亞半島的卡斯提、里昂兩國合併。

1040

● 北宋慶曆元年到慶曆八年　1041 － 1048 年 畢昇發明了活字印刷術。

● 北宋慶曆三年　1043 年 范仲淹任參知政事，開始推行慶曆新政。

● 北宋慶曆四年　1044 年 詔州學皆立學，更定貢舉法。

● 1044 年 蒲甘王朝在阿巴律陀國王統治下統一緬甸。

1045

● 北宋慶曆五年　1045 年 山東濮陽發生民變。

● 北宋慶曆五年　1045 年 范仲淹被免去參知政事職務，慶曆新政流產。

● 1048 年 法國中部加佩王朝的國王亨利一世削弱領主制以加強中央集權。

1050

● 1050 年左右 尼日利亞佑爾巴族的伊費王國建立。

● 1050 年 吳哥王朝處於繁盛期。

● 1054 年 東正教與天主教正式分裂。

1055

1055 年 塞爾柱王朝

● 北宋嘉祐元年　1056 年 包拯被任命為權知開封府。

● 北宋嘉祐三年　1058 年 王安石寫下了《上仁宗皇帝言事書》。

● 1055 年 突厥人在中亞、西亞建立伊斯蘭教國家——塞爾柱王朝（Seljuq）。

● 1056 年 倫敦威敏寺開始建造。

● 1059 年 教皇在羅馬拉特蘭宮召開會議，以整頓教會為目的的格列高利改革開始。

1060

● 北宋嘉祐八年　1063 年 仁宗卒。英宗即位，曹太后垂簾聽政。

● 北宋治平元年　1064 年 曹太后撤簾，英宗親政。

● 1060 年 羅馬式建築風格開始風行歐洲。

● 1062 年 日本武士階層興起。

1065

● 北宋治平四年　1067 年 英宗卒，神宗即位。

● 北宋熙寧二年　1069 年 王安石任參知政事，着手推行熙寧變法。

1070

● 北宋熙寧三年　1070 年 王安石拜相。

● 北宋熙寧五年　1072 年 中書制定市易法，在京師設立市易務。

1075

● 1077 年 教皇格列高利七世與神聖羅馬帝國皇帝亨利四世反目，皇帝向教皇請願（卡諾薩之辱），皇帝與教皇的對立開始。

1080

● 北宋元豐三年　1080 年 神宗改革官制。

● 北宋元豐四年　1081 年 神宗令攻西夏，大敗。

● 北宋元豐五年　1082 年 西夏攻佔永樂城。

1085

● 北宋元豐八年到元祐 二年　1085 － 1087 年 司馬光開始打擊變法派，稱為"元祐更化"。

● 北宋元祐三年　1088 年 沈括歷時十二年終於繪成《天下州縣圖》。

● 1085 年 諾曼人入侵巴爾幹半島。

1090

● 北宋元祐八年　1093 年 太皇太后高氏卒，哲宗親政。

● 北宋紹聖元年　1094 年 漸復行熙寧新法。

● 北宋紹聖元年　1094 年 秦觀被貶為監處州酒稅。

● 1090 年 墨西哥地區的托爾特克人的文明出現瑪雅與托爾特克雙重風格。

● 1094 年 葡萄牙獨立。

1095

● 北宋紹聖二年　1095 年 著名科學家沈括去世。

● 北宋紹聖二年　1095 年 命蔡卞詳定國子監三學及外州州學制。

● 1098 年 天主教教派西多會創建於法國西多克斯。

● 1099 年 歐洲基督教軍隊第一次東征並佔領耶路撒冷。

1100

中國歷史大事年表	公元紀年軸	外國歷史大事年表

1100
- 北宋建中靖國元年 1101 年 蘇軾卒。
- 北宋崇寧二年 1103 年 始置醫學。
- 北宋崇寧三年 1104 年 置書、畫、算三學。

- 1100 年 西歐、北歐建造石門成為時尚。
- 1100 年左右 北美洲的婆羅族在米薩‧威爾蒂和杏古卡寧的斷崖上修建住所。

1105
- 北宋崇寧四年 1105 年 蘇門四學士之一的黃庭堅卒。
- 遼乾統七年 1107 年 遼朝因為貪圖經濟利益，捕海東青，虐待女真族，求北珠，結果激起了女真族人的怨恨。

- 1105 年 諾曼人羅傑二世開始擴展西西里島以外的疆域並成為國王。

1110
- 遼天慶三年 1113 年 完顏阿骨打即位，做了聯盟長。
- 遼天慶四年 1114 年 完顏阿骨打起兵反遼。

- 1113 年 柬埔寨開始興建舉世聞名的吳哥窟。

1115
金 1115 年
- 遼天慶五年 1115 年 完顏阿骨打建立女真國家政權，國號大金，年號收國。
- 遼天慶九年至十年 1119－1120 年 北京天寧寺遼塔興建。

- 1119 年 意大利成立了博洛尼亞大學，法國成立了巴黎大學。

1120
- 北宋宣和二年 1120 年《宣和畫譜》編成。
- 金天輔七年 1123 年 完顏阿骨打卒，吳乞買繼承皇帝位，史稱金太宗，年號改為天會。
- 西夏元德六年 1124 年 西夏稱藩於金。

- 1122 年 教皇與神聖羅馬帝國皇帝在德國境內簽署停戰合約。

1125
- 1126 年 聖詹姆斯大帝教堂在西班牙康波斯特拉落成。
- 1126 年 波斯詩人、數學家和天文學家歐瑪爾海亞去世。

1127 南宋
- 金天會五年 1127 年 金國俘虜了北宋的徽、欽二帝，北宋滅亡。
- 南宋建炎元年 1127 年 康王趙構在臨安即位，是為宋高宗。

1130
- 西夏正德五年 1131 年 耶律大石建立西遼。

1135
- 金天會十三年 1135 年 完顏亶繼位為帝，即金熙宗，未改元，年號仍然為天會。
- 金天眷元年 1138 年 金熙宗對金朝制度進行改革。

1140
- 金皇統元年 1141 年 金宋議和，史稱紹興議和。
- 西夏大慶四年 1143 年 興州、夏州發生強烈地震，仁宗下令適當減免受地震災害的居民租稅。

- 1143 年 阿方索一世成為第一代葡萄牙國王。
- 1144 年 第二次十字軍東征。
- 1144 年 法國第一座哥德式大教堂聖丹尼斯教堂建成。

1145
- 西夏人慶二年 1145 年 西夏設立太學。
- 南宋紹興十九年 1149 年 陳敷著成《農書》。

- 1149 年 第二次十字軍東征失敗。

1150
1152 年 古爾王朝
- 金天德二年 1150 年 金罷行台尚書省。
- 金貞元元年 1153 年 金遷都燕京，改元貞元。

- 1152 年 突厥人在阿富汗和印度北部建立穆斯林王朝——古爾王朝。
- 1152 年 腓特烈一世統治神聖羅馬帝國。
- 1153 年 斯里蘭卡佛教在國王的支持下開始統一戒律。
- 1154 年 英國國王亨利二世開始進行統治體制的改革。

1155
- 金正隆元年 1156 年 金頒行新官制。
- 金正隆四年 1159 年 金營建汴京，準備南伐。

- 1156 年 日本爆發三大家族內戰。

1160
- 金大定元年 1161 年 完顏雍從完顏亮手裏奪取了金朝的統治，改元大定。
- 南宋隆興元年 1163 年 高宗退位，孝宗即位。

- 1163 年 英國牛津大學創立。

1165
- 金大定五年 1165 年 金復與宋和。

- 1168 年 墨西哥灣境內的托爾特克文明衰落。

1170
- 1170 年 塞爾維亞獨立。
- 1173 年 薩拉丁自立為埃及國王。
- 1174 年 統治埃及的薩拉丁佔據敍利亞。

1175
- 1179 年 瑪雅潘王洗劫了瑪雅文明的中心——奇欽‧伊查。

1180
- 金大定二十年 1180 年 金降完顏亮為海陵庶人。

- 1181 年 柬埔寨國王將觀音定為高棉王朝保護神。

1185
1185 年 鎌倉幕府
- 南宋淳熙十六年 1189 年 鐵木真被推舉為蒙古部首領。
- 金大定二十九年 1189 年 金完顏雍病卒，謚仁孝，廟號世宗。完顏璟即位，是為章宗。

- 1185 年 日本鎌倉幕府政權建立。
- 1186 年 古爾王朝的穆罕默德擊敗伽色尼統治者，在印度北部建立伊斯蘭國家。
- 1189 年 英國獅心王查理加冕。

1190
- 金明昌二年 1191 年 金朝推行漢字。
- 金明昌五年 1194 年 黃河在南京陽武故堤決口。

- 1190 年 德意志成立騎士團。
- 1191 年 獅心王查理與佔據耶路撒冷的薩拉丁簽署休戰契約，第三次十字軍東征失敗，薩拉丁統治耶路撒冷。
- 1194 年 花剌子模突厥王朝統治巴格達。

1195
- 金承安元年 1196 年 金朝禮樂制度初具規模。
- 金承安二年 1197 年 金國下令招募漢軍。同年，鑄“承安寶貨”幣。

- 1198 年 朝鮮半島上的高麗王國在農民和奴隸起義中衰落。

1200

● 中國　　● 歐洲　　● 非洲　　● 亞洲　　● 美洲　　● 大洋洲

中國歷史大事年表	公元紀年軸	外國歷史大事年表
	1200	● 1200 年左右 埃塞俄比亞的皇帝在拉里比拉挖掘岩石設教會。 ● 1200 年左右 印加人定居在秘魯的庫斯科周邊。
● 南宋開禧二年　1206 年 宋寧宗下詔北伐，宋金開戰。蒙古鐵木真即大汗位，稱成吉思汗。 　　　　　● 金泰和七年　1207 年 金修成《遼史》。	1205	● 1206 年 成吉思汗成為蒙古統治者，蒙古鐵騎開始席捲亞洲各地，並入侵俄國。 ● 1209 年 阿希基的法蘭西斯設立法蘭西斯修道會。
● 金大安二年　1210 年 金在六、七月後連續發生地震。同年八月，蒙古軍襲擊金國。 　　● 金貞祐二年　1214 年 金國厚賄蒙古，解了中都之圍。	1210	● 1210 年 聖方濟各建立方濟各會。
● 金貞祐四年　1216 年 蒲鮮萬奴叛金自立，建國號大真，改元天泰。	1215	● 1215 年 英國的約翰國王在《自由大憲章》上署名，承認貴族的特權。 ● 1219 年 第五次十字軍東征結束。
● 金元光二年　1223 年 金帝完顏珣卒，完顏守緒即位。 ● 南宋嘉定十七年　1224 年 寧宗趙擴病卒，史彌遠等人設謀擁立了趙昀為帝，是為理宗。	1220	● 1221 年 日本爆發以廢除幕府制為目的的承久之亂。 ● 1223 年 蒙古人開始征戰歐洲。
● 南宋寶慶元年　1225 年 成吉思汗佔領了整個中亞細亞和南俄羅斯草原。 　　● 南宋寶慶三年　1227 年 成吉思汗卒，西夏亡。	1225	● 1226 年 越南陳朝統治者陳太宗統一貨幣。 ● 1229 年 第六次十字軍東征，奪取了耶路撒冷。
● 南宋紹定三年　1230 年 宋理宗親撰《道統十二年讚》。 ● 南宋端平元年　1234 年 南宋禁毀銅錢作器用，並下海貿易。	1230	● 1231 年 蒙古軍隊開始入侵高麗，高麗於 1258 年對蒙古朝稱臣，並納歲供。
● 南宋瑞平三年　1236 年 蒙古耶律楚材奏准定立中原賦稅制度。	1235	**1235 年　馬里王國** ● 1235 年 繼加納之後，稱霸西非的馬里王國建立。 ● 1235 年 蒙古人開始對歐洲新一輪的攻勢。經過一系列征戰，蒙古人建立了從太平洋海岸直達多瑙河的大帝國。
● 南宋淳祐二年　1242 年 蒙古六皇后脫列哥那稱制。	1240	● 1241 年 呂貝克和漢堡締結了以通商和相互防衛為目的的漢薩同盟。 ● 1243 年 以伏爾加河為中心的欽察汗國建立，即著名的"金帳汗國"。
● 南宋淳祐七年　1247 年 秦九韶著成《數學九章》，又稱《數書九章》。 　　● 南宋淳祐九年　1249 年 宋室下令嚴禁毀錢鑄器。	1245	● 1246 年 宋朝高僧道隆在日本創立臨濟宗大覺派。 ● 1248 年 法國國王發動針對埃及的第七次東征。
● 南宋淳祐十一年　1251 年 蒙古蒙哥即大汗位，為憲宗。 ● 南宋寶祐元年　1253 年 蒙古旭烈兀征西亞。忽必烈征大理。	1250	**1250 年　馬穆魯克王朝** ● 1250 年 埃及、敍利亞地區外籍奴隸建立伊斯蘭教政權——馬穆魯克（Mamluk）王朝。 ● 1250 年 秘魯處於早期印加時代。 ● 1254 年 意大利北部的威尼斯、米蘭等城市紛紛成立自治共和國。
● 南宋寶祐四年　1256 年 賈似道參政。同年，文天祥進士及第。 ● 南宋寶祐五年　1257 年 蒙哥親征南宋，以阿里不哥留守蒙古。 ● 南宋開慶元年　1259 年 蒙古忽必烈率軍圍攻鄂州，南宋求和。	1255	● 1255 年 羅馬異端法庭被授權可以使用肉體折磨。 ● 1258 年 蒙古軍隊入侵巴格達，結束了阿拉伯帝國的統治。 ● 1259 年 忽必烈派大軍侵入越南。
● 元中統三年　1262 年 蒙古忽必烈平定山東李氏的武裝叛亂，實現了全國的大統一。 ● 元至元元年　1264 年 蒙古忽必烈命令西藏地方政府首領八思巴掌管西藏地方行政事務。	1260	● 1260 年 蒙古人在阿因扎魯特之戰中受挫，中止了在中東地區的擴張。 ● 1262 年 挪威將格陵蘭島與冰島納入版圖之中。
● 南宋咸淳三年　1267 年 宋的航海者在天竺（印度）沙里八丹港建了一座四方形的中國傳統磚塔。	1265	
元 1271 年 ● 元至元八年　1271 年 元世祖忽必烈建立元朝，統一全國，定都大都。	1270	● 1270 年 非洲東部的阿姆哈拉人建立所羅門王朝。 ● 1271 年 馬可·波羅動身前往中國。 ● 1274 年 歐洲中世紀最偉大的思想家愛托馬斯·阿奎那去世。
● 元至元十二年　1275 年 馬可·波羅來華。 ● 南宋祥興元年　1278 年 文天祥被俘，堅決拒絕降元，並作《過零丁洋》詩以明志。	1275	
● 元至元十七年　1280 年 元頒鈔法於江南，廢棄宋製銅錢。同年，頒郭守敬等所製的《授時曆》。 ● 元至元二十年　1283 年 被元朝俘虜、拘押了五年的文天祥，因為屢勸不降被殺。	1280	● 1280 年 創立日本臨濟宗東福寺派的日本高僧辨圓逝世。 ● 1282 年 西西里島起義反抗法國統治者。 ● 1284 年 英格蘭王愛德華一世征服威爾斯。
● 元至元二十四年　1287 年 諸王乃顏反叛，忽必烈親征。 ● 元至元二十六年　1289 年 海都率軍進攻漠北，忽必烈親征，復和林，留伯顏鎮守。	1285	● 1288 年 法國亞眠大教堂竣工。
● 元至元二十九年　1292 年 元朝開始修造通惠河，並以郭守敬主持一切事宜。 ● 元至元三十一年　1294 年 忽必烈死。成宗鐵穆耳即帝位。	1290	● 1290 年左右 意大利人發明並製造了眼鏡。 ● 1291 年 瑞士聯邦成立。 ● 1294 年 英國修道士、科學家羅傑·培根逝世。
● 元大德三年　1299 年 元派遣僧使出使日本。	1295	● 1295 年 馬可·波羅回到意大利。 ● 1297 年 蘇格蘭人在威廉·華萊士的領導下取得抗擊英國戰爭的勝利。
	1300	

中國歷史大事年表	公元紀年軸	外國歷史大事年表

1300

- 元大德四年　1300 年 著名的戲曲家關漢卿去世。

1300 年左右 鄂圖曼帝國
- 1300 年左右 復活節島上立起了巨大的石像。
- 1300 年 北美大旱，嚴重的乾旱使拉沙茲和新墨西哥地區的文明加速滅亡。

1305

- 元大德十一年　1307 年 海山奪得帝位，是為元武宗。定中都為國都，改元至大。
- 元至大二年　1309 年 元武宗下詔頒行至大銀鈔。同年，復置尚書省，改行中書省為行尚書省。

- 1305 年 教皇將教廷遷入法國阿維農地區並受法國控制，史稱 "阿維農之囚"。
- 1306 年 喬托在阿雷納禮拜堂中創作連續壁畫作品。

1310

- 元至大三年　1310 年 元朝廷制定課稅法。
- 元皇慶二年　1313 年 農學家王禎經過幾十年的努力，編成了《農書》。

- 1314 年 在巴納克巴尼戰役中，蘇格蘭軍擊敗英格蘭軍。

1315

- 元延祐二年　1315 年 初行科舉。蒙古、色目人為右榜，漢人、南人為左榜。

1320

- 元至治二年　1322 年 拜住被英宗任命為中書右丞相，開始推行改革。
- 元至治二年　1322 年 著名書畫大家趙孟頫卒。

1320 年　圖格魯克王朝
- 1320 年 德里蘇丹國圖格魯克王朝（Tughlug）建立。
- 1321 年 創作出《神曲》的偉大詩人但丁逝世。
- 1322 年 非洲西部的馬里王朝進入極盛時期。
- 1324 年 馬里國王曼薩穆薩巡禮麥加。

1325

- 元泰定二年　1325 年 永樂宮三清殿殿內壁畫主體部分（朝元圖）完工。
- 元致和元年　1328 年 泰定帝卒。燕鐵木兒於大都發動政變，擁立懷王帖睦爾即位，是為文宗，改元天曆。泰定帝皇太子阿速吉八在上都被擁立即位，改元天順。

- 1325 年 阿茲特克人在墨西哥盆地建立特諾奇蒂蘭城。
- 1327 年 英國國王愛德華二世被判處死。

1330

- 元至順元年　1330 年 元代農學家魯明善撰成農學專著《農桑衣食撮要》二卷。

- 1333 年 日本進入天皇統治時期。

1335

- 元至元二年　1336 年 惠宗妥懽帖睦爾遣使出訪歐洲。

- 1337 年 英法之間的百年戰爭正式開始。

1340

- 元至正二年　1342 年 羅馬教皇特使馬黎諾里一行來到元上都。
- 元至正二年至五年　1342 － 1345 年 北京居庸關雲台興建。

1345

- 元至正六年　1346 年 張渥創作《九歌圖》。

- 1348 年 捷克國王查理一世創立中歐第一所大學——布拉格大學。
- 1348 年 因黑死病流行，埃及荒廢。
- 1349 年 歐洲黑死病大流行。

1350

- 元至正十一年　1351 年 元朝廷用賈魯言，開黃河故道，設總治河防使。開河道 280 里。

- 1350 年 布拉格被定為神聖羅馬帝國首都。
- 1350 年 文藝復興運動在意大利揭開了序幕。
- 1353 年 薄伽丘的《十日談》完成。

1355

- 元至正十五年　1355 年 朱元璋渡江取太平。
- 元至正十六年　1356 年 元兵大敗劉福通於太康。

- 1355 年 剛果與貝寧等獨立的國家在非洲西部發展。
- 1358 年 法國巴黎北部發生扎克雷動亂。

1360

- 元至正二十年　1360 年 陳友諒在江州殺徐壽輝，自立為帝，建國號漢，年號大義。
- 元至正二十一年　1361 年 朱元璋立鹽法、茶法，置寶源局，鑄大中通寶錢。

- 1361 年 亞得里亞堡落入鄂圖曼土耳其人之手。
- 1364 年 法國最為著名的女作家克里斯蒂娜·德·皮桑在威尼斯出生。

1365

- 元至正二十六年　1366 年 陶宗儀完成《南村輟耕錄》，並刊印發行。

- 1367 年 西班牙內戰爆發。
- 1369 年 帖木兒在撒馬爾罕建國，並開始向波斯、印度和俄國等周邊國家擴展領土。

明 1368 年
- 明洪武元年　1368 年 朱元璋在南京稱帝，國號大明，年號洪武。
- 明洪武元年　1368 年 修建金山嶺長城。

1370

- 明洪武三年　1370 年 朱元璋下詔移民墾荒。同年，八月初開鄉試科。九月，修禮書成，賜名 "大明集禮"。

1375

- 1375 年 阿加馬皮契托利成為阿茲特克國王。
- 1378 年 羅馬教會分裂。

1380

- 明洪武十四年　1381 年 江蘇南京靈穀無樑殿建成。
- 明洪武十五年　1382 年 朱元璋特別命令設置錦衣衛，以監視或緝拿獲罪的官員。

- 1380 年 莫斯科人擊潰蒙古人的進攻。
- 1380 年 基督教神秘主義年輕的精神領袖凱瑟琳去世。
- 1381 年 英國發生瓦特·泰勒率領的農民叛亂。

1385

- 明洪武十八年　1385 年 戶部侍郎郭桓貪污案起。

- 1387 年 英國詩人喬叟完成《坎特伯雷故事集》。
- 1388 年 統治印度的德里蘇丹國在恆河與朱木拿河開鑿的四條運河竣工。
- 1389 年 巴爾幹諸侯聯軍在塞爾維亞的科索沃敗於鄂圖曼軍之手。

1390

- 明洪武二十六年　1393 年 藍玉案發。頒《逆臣錄》。

1395

- 明洪武三十年　1397 年 頒《大明律誥》。
- 明洪武三十一年　1398 年 朱元璋病卒，享年 71 歲。皇太孫朱允炆即位，是為惠帝，以明年為建文元年。

1396 年　朝鮮
- 1396 年 李氏王朝定都漢陽（即今日首爾漢江以北地區）。
- 1398 年 威尼斯成為統治地中海貿易的強大國家。
- 1398 年 帖木兒入侵西北印度，掠奪德里。

1400

中國歷史大事年表	公元紀年軸	外國歷史大事年表

	1400	● 1400 年 葡萄牙的航海者出發尋找通往亞洲的新航路。 ● 1400 年 印加帝國為了運輸和交易開始使用驛道。 ● 1401 年 帖木兒佔領巴格達與大馬士革。
● 明建文四年 1402 年 朱棣奪得帝位，下詔革去建文年號，仍稱洪武。		
	1405	● 1405 年 帖木兒在遠征途中去世。 ● 1406 年 偉大的阿拉伯歷史學家伊本‧哈爾敦去世。
● 明永樂三年 1405 年 鄭和第一次率船隊下西洋。		
● 明永樂五年 1407 年 朱棣命人修築北京城，歷時十三年完成。		
	1410	● 1411 年 印度哥加拉特的統治者阿弗瑪德‧夏建都阿弗瑪德巴德。
● 明永樂八年 1410 年 成祖親征韃靼。		
● 明永樂九年 1411 年 開會通河。		
	1415	● 1415 年 捷克的宗教改革家胡斯被處以火刑。 ● 1419 年 捷克民眾反封建、反教會的胡斯戰爭開始。
● 明永樂十三年 1415 年 陳誠出使西域回國，並偕其使臣同回，又有摹西域記獻上。		
● 明永樂十四年 1416 年 鄭和復使西洋。		
	1420	● 1420 年 佛羅倫斯的市中心開始興建聖瑪利亞大教堂。
● 明永樂十九年 1421 年 朱棣正式將都城遷至北京。		
● 明永樂二十二年 1424 年 朱棣再次御駕親征阿魯台。		
	1425	● 1429 年 法國少女貞德率領的軍隊取得奧爾良大捷，擊退進犯的英國軍隊。
● 明洪熙元年 1425 年 朱瞻基即位，是為宣宗，年號宣德。		
● 明宣德元年 1426 年 漢王朱高煦據樂安反，後降，被廢為庶人，不久被殺。		
	1430	● 1431 年 貞德被英軍處以火刑。 ● 1432 年 多納太羅創作了文藝復興時期的第一尊裸體青銅像——大衛。 ● 1434 年 美第奇家庭開始統治意大利佛羅倫斯。
	1435	● 1435 年 歐洲最富裕的商業碼頭布魯日，已經發展成為了世界性的都市。 ● 1438 年 秘魯境內的印加帝國進入發展晚期。
● 明宣德十年 1435 年 鄭和在第七次下西洋的返國途中去世。		
	1440	● 1440 年 德國人古騰堡發明活字印刷術，使各種文化書籍大為普及。 ● 1441 年 尼德蘭布魯日畫家揚‧凡‧埃克創造了用油料作畫的新畫法。
	1445	● 1446 年 李氏朝鮮的世宗公佈了訓民正音朝鮮文字。
● 明正統十四年 1449 年 兵部左侍郎于謙等人擁立代宗朱祁鈺繼承帝位。		
	1450	● 1453 年 土耳其人攻入君士坦丁堡。 ● 1453 年 百年戰爭結束，英軍從加來以外的法國領土撤退。
● 明景泰元年 1450 年 朱祁鎮自瓦剌還京，閒居南宮。		
● 明景泰三年 1452 年 始立團營。		
	1455	● 1455 年 特諾奇蒂特蘭建成了巨大的神殿。 ● 1455 年 英國的約克與蘭開斯特兩大封建家族開始爭奪王權的玫瑰戰爭。 **1458 年 都鐸王朝** ● 1458 年 英國都鐸王朝建立。
● 明天順元年 1457 年 被救回的英宗朱祁鎮，調兵奪取宮門，史稱“奪門之變”。		
	1460	● 1460 年 美洲大陸上的瑪雅文化被滅。 ● 1462 年 意大利佛羅倫斯建立柏拉圖學園，開始將柏拉圖等哲學家的著作翻譯為拉丁文。 ● 1463 年 鄂圖曼帝國和威尼斯之間爆發了長達十六年的戰爭。
● 明天順四年 1460 年 陝西慶陽天降大隕石，致使數以萬計的人死傷。		
● 明天順八年 1464 年 數萬流民舉事反抗，沉重打擊了明王朝的統治。		
	1465	● 1467 年 日本發生連續十年的應仁之亂。
● 明成化元年 1465 年 劉通於鄖陽起事，自稱漢王，建元德勝，攻打襄陽等處。		
● 明成化三年 1467 年 揚州“鹽寇”起事。		
	1470	● 1471 年 印加帝國的領土擴張到玻利維亞、智利和阿根廷。 ● 1473 年 哥白尼首次提出日心說。
● 明成化八年 1472 年 韃靼侵擾延綏、固原、平涼等地。		
	1475	● 1479 年 威尼斯與鄂圖曼議和。威尼斯仍然佔據東地中海的據點，但須每年向鄂圖曼支付巨額資金。 ● 1479 年 西班牙統一。
● 明成化十三年 1477 年 設西廠，令太監汪直領之。		
	1480	● 1480 年 莫斯科的伊凡三世成為第一位沙皇。 ● 1480 年 莫斯科人在伊凡三世領導下取得了烏格拉河戰役的勝利，結束了蒙古人 200 多年的統治。
● 明成化十七年 1481 年 定五年大審之制。		
	1485	● 1486 年 越南成為中南半島上最強盛的國家。 ● 1487 年 在阿茲特克人的首都進行的祭奠中，2 萬名戰俘遭到屠殺。 ● 1488 年 葡萄牙人迪亞士繞過好望角回國。
● 明成化二十三年 1487 年 朱祐樘即位，以明年為弘治元年，是為孝宗。		
	1490	● 1490 年 威尼斯畫派興起。 ● 1492 年 哥倫布發現美洲大陸。 ● 1493 年 阿斯基亞‧穆罕默德統治的加奧王國成為佔據西非的大帝國。
● 明弘治五年 1492 年 明朝廷派兵援助朝鮮。		
● 明弘治六年 1493 年 黃河在張秋鎮決口，孝宗朱祐樘命浙江左布政使劉大夏前往指揮治理。		
	1495	● 1497 年 約翰‧卡伯特到達美洲的拉布拉多海岸，打破了只允許西班牙航海探險的條約。 ● 1498 年 達伽馬開闢通往印度的新航路。
● 明弘治十年 1497 年 崇明兼隸太倉州。		
	1500	

中國歷史大事年表	公元紀年軸	外國歷史大事年表
	1500	● 1500 年左右 印度分裂為印度教和伊斯蘭教的小國家。
● 明弘治十三年　1500 年 禁止民間收買軍事器械。更定刑部條例。		● 1501 年 伊斯邁爾統一伊朗。
● 明弘治十三年　1500 年 達延汗部入居河套。達延汗部下火篩屢攻大同。		
	1502	
● 明弘治十六年　1503 年 浙江、山東和兩京受災，朝廷放糧以賑饑民。		
	1504	
● 明弘治十八年　1505 年 朱厚照即位，以明年為正德元年，是為武宗。		● 1505 年 葡萄牙人開始建設莫桑比克，並開始與非洲人的貿易。
		● 1505 年 米開朗基羅完成他最著名的雕塑作品之一——大衛。
	1506	● 1506 年 羅馬的聖彼得大教堂開始建設。
● 明正德二年　1507 年 由楊一清主持修築邊牆的事宜停滯。		● 1507 年 哥倫布發現的新大陸被正式定名為美洲。
	1508	
● 明正德三年　1508 年 宦官劉瑾設立內廠。		● 1508 年 文藝復興時期的著名的建築師帕拉弟奧出生。
	1510	● 1510 年 波提切利的名作《維納斯的誕生》完成。
● 明正德五年　1510 年 霸州文安縣農民起事。		● 1511 年 葡萄牙人佔領馬六甲海峽。
● 明正德五年　1510 年 安化王以討伐劉瑾為名起兵。		
	1512	● 1512 年 拉斐爾在梵蒂岡宮創作巨幅壁畫《教廷成立及其鞏固》。
● 明正德七年　1512 年 趙鐩、劉三義軍在河南洛陽擊敗榆林邊軍，殺指揮馮禎。		● 1513 年 巴爾沃亞發現太平洋。
	1514	
● 明正德九年　1514 年 葡萄牙商船首次到達廣東。		● 1515 年 法國成立國家工廠織造絲綢。
	1516	
		● 1517 年 鄂圖曼帝國滅亡了埃及的馬穆魯克王朝。
		● 1517 年 馬丁・路德拉開宗教改革的序幕。
	1518	
● 明正德十四年　1519 年 寧王朱宸濠正式起兵謀反。		● 1519 年 西班牙人科爾特斯侵入北美，阿茲特克帝國面臨滅亡。
	1520	● 1520 年 著名畫家拉斐爾去世。
● 明正德十六年　1521 年 明武宗卒，立其弟朱厚熜為帝，即明世宗。		● 1521 年 弗蘭西斯國王將國家圖書館設置在楓丹白露宮。
	1522	● 1522 年 麥哲倫駛船回到西班牙聖盧卡爾港，完成人類歷史上第一次環球航行。
● 明嘉靖元年　1522 年 朱厚熜進行一系列的改革整頓。		● 1523 年 馬戈蘭環繞世界航行。
● 明嘉靖二年　1523 年 明朝軍隊在廣東新會縣的西草灣擊退了入侵的葡萄牙軍隊。		
	1524	● 1524 年 莫斯科在瓦西里三世統治期間獲得統一。
● 明嘉靖三年　1524 年 朱厚熜給自己的親生父母上尊號，但遭到群臣反對，結果一干大臣被嚴厲處罰，甚至因此喪命。		● 1525 年 德軍在巴成亞擊敗了法軍。火繩槍的使用是這場戰爭勝負的決定因素。
	1526	**1526 年 莫卧兒帝國**
		● 1526 年《聖經》的第一個英譯本由威廉・丁道爾完成。
		● 1526 年 帖木兒後裔巴卑爾侵入印度北部滅德里蘇丹國，建立莫卧兒帝國。
	1528	
	1530	● 1530 年左右 葡萄牙人越過大西洋，開展奴隸貿易。
		● 1530 年 英王亨利八世授權克倫威爾發動反對羅馬天主教會的宗教改革活動。
	1532	
	1534	● 1534 年 法國探險家卡蒂埃到達加拿大，宣佈此地歸法國所有。
● 明嘉靖十四年　1535 年 葡萄牙殖民者賈通明指揮黃慶，將市舶司移至壕境（今澳門）。		● 1535 年 西班牙人征服古印加帝國，並建立利馬城為秘魯首都。
	1536	
● 明嘉靖十五年　1536 年 朱厚熜親自選陵址並開始建陵，是為永陵。		
● 明嘉靖十六年　1537 年 安南遣使告莫登庸奪國之難。		
	1538	
● 明嘉靖十七年　1538 年 明朝廷命毛伯溫等人統兵援助安南擊莫登庸。		● 1539 年 印度錫克教教主那納克去世。
	1540	

● 中國　　● 歐洲　　● 非洲　　● 亞洲　　● 美洲　　● 大洋洲

中國歷史大事年表	公元紀年軸	外國歷史大事年表
	1540	● 1540 年 耶穌會獲得合法地位。 ● 1541 年 法國倡導宗教改革並創立喀爾文教派的尚·喀爾文流亡日內瓦。
● 明嘉靖二十一年　1542 年 宮人楊金英等人謀害世宗，未成。	1542	● 1542 年 科西莫·美第奇創立比薩大學。 ● 1543 年 第一本現代解剖學的專業書籍《人體構造》，由安德里亞·維薩里編著完畢。
● 明嘉靖二十四年　1545 年 朝廷下詔有司招流民復業，並給予耕牛、種子。有墾荒田者，免賦十年。	1544	● 1545 年 特蘭托會議在意大利召開。
● 明嘉靖二十六年　1547 年 明朝再修偏東一段長城，這是明長城的最後一項工程。 ● 明嘉靖二十六年　1547 年 朝廷任命朱紈為浙江巡撫，負責抵抗東南沿海的倭寇。	1546	
● 明嘉靖二十八年　1549 年 俺答犯宣府。 ● 明嘉靖二十八年　1549 年 朱紈巡視浙閩，整頓海防已具規模。	1548	● 1548 年 老撾國王在萬象為玉佛像興建大舍利塔。 ● 1549 年 巴黎波格納宮劇院開幕，這是第一座全部被屋頂覆蓋的劇院。
● 明嘉靖二十九年　1550 年 庚戌之變，俺答汗入侵。	1550	● 1551 年 鄂圖曼土耳其與匈牙利因爭奪敍利亞而開戰。
● 明嘉靖三十二年　1553 年 葡萄牙人竊據澳門作為其侵略中國的根據地。 ● 明嘉靖三十二年　1553 年 兵部員外郎楊繼盛上疏，彈劾嚴高十大罪和五奸，後被害死。	1552	● 1553 年 發現血液通過肺進行循環的醫生米歇爾·塞爾維特被處以火刑。
● 明嘉靖三十三年　1554 年 明朝廷下詔更定錢法。 ● 明嘉靖三十四年　1555 年 明軍破倭寇於王江涇。 ● 明嘉靖三十四年　1555 年 戚繼光從山東調往浙江任參將，開始抗倭。	1554	● 1555 年 莽應龍王統一緬甸。
● 明嘉靖三十六年　1557 年 葡萄牙侵佔澳門作為貿易據點。	1556	● 1556 年 伊凡四世統治的俄國佔領伏爾加河流域和烏拉爾山脈以西，開始向西伯利亞地區擴展。
● 明嘉靖三十八年　1559 年 戚繼光奏請朝廷募兵操練，成立戚家軍。 ● 明嘉靖三十八年　1559 年 明代著名學者楊慎辭世。	1558	● 1558 年 英國進入伊利莎白一世女王執政期。 ● 1559 年《至尊法案》獲得通過，羅馬教皇在英國的權威被取消。
● 明嘉靖四十年　1561 年 兵部右侍郎范欽建天一閣，為中國現存最早的私家藏書樓。	1560	● 1560 年 英國實行以金幣代替銀幣的新幣制。
● 明嘉靖四十一年　1562 年 嚴高被罷官。 ● 明嘉靖四十二年　1563 年 戚繼光大破倭寇於平海衛。	1562	● 1562 年 西班牙軍隊開始與法國人爭奪佛羅里達的殖民統治權。 ● 1563 年 由彼得·布魯格爾繪製的名畫《巴別塔》創作完成。
● 明嘉靖四十四年　1565 年 皇帝下詔罷黜內閣嚴高為民，同時將其子嚴世藩處斬。	1564	● 1564 年 米開朗基羅完成西斯廷聖母教堂天頂畫。 ● 1565 年 英國呢絨與毛紡織業崛起，引發國內大面積的圈地運動。
● 明嘉靖四十五年　1566 年 海瑞冒死給二十年不視朝政的皇帝上疏。 ● 明隆慶元年　1567 年 重錄成永樂大典，戶部尚書葛守禮論"一條鞭法"及"一串鈴法"的弊端。	1566	
● 明隆慶二年　1568 年 始行人痘接種術。	1568	1569 年 波蘭立陶宛王國 ● 1569 年 波蘭與立陶宛在盧布林重新簽訂聯盟條約，兩國正式合併，建立波蘭立陶宛王國。
● 明隆慶五年　1571 年 明封俺答汗為順義王。	1570	● 1571 年 鄂圖曼土耳其帝國在勒班陀海戰中慘敗於西班牙、威尼斯和教皇組成的聯合艦隊之手。
● 明隆慶六年　1572 年 朱翊鈞即位，改元萬曆，是為神宗。	1572	● 1572 年 法國凱瑟琳攝政王太后發動屠殺新教徒的聖巴托羅謬日屠殺事件。
	1574	● 1575 年 葡萄牙開始在安哥拉殖民。
	1576	● 1577 年 德雷克在英國女王的支持下開始環球旅行，到達南美洲。
● 明萬曆六年　1578 年 下令清丈全國土地。 ● 明萬曆六年　1578 年 李時珍著成傳世醫書《本草綱目》。	1578	● 1578 年 古羅馬時期的墓穴被發現，引發了又一場古典回歸熱。
	1580	

中國歷史大事年表	公元紀年軸	外國歷史大事年表
	1580	● 1580 年 西班牙合併葡萄牙。
● 明萬曆九年　1581 年 張居正在全國推行一條鞭法。		**1581 年 荷蘭共和國** ● 1581 年 荷蘭北部七省成立荷蘭共和國。
	1582	
● 明萬曆十年　1582 年《西遊記》的作者吳承恩去世。 ● 明萬曆十年　1582 年 意大利天主教士利瑪竇來到中國。		
	1584	**1584 年 暹羅（泰國）王國** ● 1584 年 暹羅對緬甸的附屬關係結束。 ● 1584 年 馬德里郊外的艾斯尤利阿爾宮殿完成。 ● 1585 年 約翰・戴維斯發現巴芬島與大西洋之間的海峽。
	1586	● 1586 年 莫卧兒在阿克巴大帝的統治下達到極盛。 ● 1587 年 英國人雷利在美洲建立弗吉尼亞州。
● 明萬曆十五年　1587 年 海瑞死於南京右都御史任上，人民因愛之，而為之罷市致哀。 ● 明萬曆十五年　1587 年 一代抗倭名將戚繼光病逝。		
	1588	● 1588 年 西班牙的無敵艦隊被英國海軍打敗。
		1589 年 波旁王朝 ● 1589 年 亨利四世繼位為法國國王，波旁王朝在法國的統治開始。
	1590	● 1590 年左右 緬甸分裂。 ● 1590 年 現代最成功的外科醫生安布・羅斯帕雷去世。 ● 1590 年 織田信長與豐臣秀吉基本統一日本。
	1592	● 1592 年 豐臣秀吉發動了侵略朝鮮的戰爭。 ● 1592 年 老撾國王下令建造維蘇寺，並開始將佛經翻譯成老撾文字。
● 明萬曆二十一年　1593 年《本草綱目》未及刊印，李時珍便與世長辭。		
1594 年 顧憲成與高攀龍、史孟麟等人講學於東林書院，漸形成東林一派。	1594	● 1594 年 丁托列托的作品《最後的晚餐》繪製完成。 ● 1595 年 曼達尼到達馬尼希基諸島及桑塔・庫爾基群島。
	1596	● 1597 年 朝鮮民眾在李舜臣將軍的領導下戰勝日本侵略軍，取得以少勝多的鳴梁海大捷。
● 明萬曆二十五年　1597 年 日本侵略者大舉入侵朝鮮，明王朝第二次派遣軍隊跨過鴨綠江支援朝鮮。		
● 明萬曆二十六年　1598 年 湯顯祖寫成傳奇劇本《牡丹亭》。	1598	● 1598 年 荷蘭在西非的幾內亞海岸設立貿易據點。 ● 1598 年 俄國進入混戰時期。
	1600	● 1600 年 英國東印度公司成立。 ● 1601 年 莎士比亞進入創作高峰，寫出《哈姆雷特》和《李爾王》等作品。
● 明萬曆二十九年　1601 年 利瑪竇定居北京。		
	1602	**1603 年 巴爾梅斯黑人共和國** ● 1603 年 日本進入由德川家康統治的江戶時代。 ● 1603 年 巴西巴爾梅斯黑人共和國建立。
	1604	● 1604 年 越南在順化興建天姥寺，標誌着大乘佛教在越南國內的復興。 ● 1605 年 錫克教徒在阿姆里茨爾建成黃金寺院。
● 明萬曆三十四年　1606 年 雲南稅使太監楊榮肆為殘虐，草菅人命，激起民憤，逼使人民多次焚燒稅廠。 ● 明萬曆三十五年　1607 年 徐光啟譯成《幾何原本》。	1606	● 1606 年 來自歐洲的荷蘭人登陸澳大利亞。
● 明萬曆三十六年　1608 年 努爾哈赤與明遼東副將及撫順所備御盟，立碑於沿邊。	1608	● 1608 年 創作《失樂園》的英國文學家密爾頓誕生。 ● 1609 年 格勞秀斯發表《公海論》，提出公海航行自由理論。
	1610	● 1610 年 伽利略提出了以太陽為中心的地動説。 ● 1610 年 德國國內福音聯盟與神聖同盟兩大教派間的 30 年戰爭爆發。
● 明萬曆四十年　1612 年 河套韃靼犯保寧，延綏兵敗。	1612	● 1612 年 日本發出基督教禁止令。 ● 1613 年 俄國開始進入羅曼諾夫王朝統治時期。
● 明萬曆四十三年　1615 年 梃擊案。	1614	● 1614 年 納皮爾發明對數表。
● 後金天命元年　1616 年 努爾哈赤即汗位於赫圖阿拉，國號金（史稱後金），建元天命。	1616	● 1616 年 塞萬提斯完成他的著作《唐吉訶德》。
● 後金天命三年　1618 年 努爾哈赤以“七大恨”告天，正式叛明。 ● 明萬曆四十七年　1619 年 楊鎬以四路明軍進攻後金，大敗於撒爾滸。	1618	● 1618 年 布拉格人民舉行起義，其間發生了“擲出窗外事件”。 ● 1618 年 荷蘭人與葡萄牙人為爭奪東印度群島交戰。
	1620	

● 中國　　● 歐洲　　● 非洲　　● 亞洲　　● 美洲　　● 大洋洲

中國歷史大事年表	公元紀年軸	外國歷史大事年表

1620

- 明泰昌元年　1620 年 朱由校即皇帝位，是為熹宗，改次年為天啟元年。
- 後金天命六年　1621 年 後金努爾哈赤領兵攻佔了瀋陽、遼陽等地。

- 1621 年 到達馬薩諸塞的分離派教徒為了最初的收穫舉行感恩節。

1622

- 明天啟三年　1623 年 御史周宗建疏詆司禮秉筆太監魏忠賢，黨禍萌。
- 明天啟三年　1623 年 命朝鮮王李宗暫統國事。命魏忠賢提督東廠。

1624

- 明天啟四年　1624 年 金與科爾沁訂盟。
- 明天啟五年　1625 年 御史張訥奏請拆毀天下所有的書院，停止講學。

- 1625 年 荷蘭人在今紐約建立聚集點，並將其命名為新阿姆斯特丹。

1626

- 明天啟六年　1626 年 明將袁崇煥領軍在寧遠與努爾哈赤軍隊展開大戰，戰勝。
- 明天啟七年　1627 年 繼承努爾哈赤汗位的皇太極出兵攻明，直逼北京。

- 1626 年 現代科學與哲學創始人弗蘭西斯・培根逝世。

1628

- 明崇禎元年　1628 年 高迎祥率眾起事，自稱闖王。
- 明崇禎二年　1629 年 定魏忠賢逆案。

- 1628 年 英國傑出的醫生和生理學家威廉・哈維出版了《心血運動論》，提出了血液循環學說。

1630

- 明崇禎三年　1630 年 皇太極利用反間之計，讓崇禎皇帝殺了袁崇煥。
- 明崇禎四年　1631 年 明以洪承疇總督三邊軍務。

- 1630 年 發現橢圓行星軌道的天文學家開普勒逝世。

1632

- 明崇禎五年　1632 年 孔有德至登州，耿仲明開城接納。

- 1632 年 沙・賈汗建設位於印度阿古拉的泰姬陵。
- 1633 年 伽利略因宣揚日心說而被教會囚禁。

1634

- 明崇禎七年　1634 年 高迎祥、李自成被困車箱峽，李自成等以偽降突出重圍。

1636

- 清崇德元年　1636 年 四月，皇太極稱帝，改女真為滿族，改國號後金為清，改元崇德。
- 明崇禎十年　1637 年 宋應星所著的科學巨作《天工天物》完成並刊行。

- 1637 年 蘇里亞旺薩王統治下的老撾處於佛教興盛階段。
- 1637 年 日本實行閉關鎖國政策，斷絕與西方的交往。

1638

- 明崇禎十二年　1639 年 清兵破濟南，俘德王朱由樞。明以洪承疇為薊遼總督。

1640

- 明崇禎十三年　1640 年 李自成部進入河南。

- 1641 年 荷蘭佔領馬來半島的葡萄牙領地馬六甲。
- 1641 年 愛爾蘭爆發反英起義。

1642

- 明崇禎十五年　1642 年 荷蘭侵佔台灣。
- 清崇德八年　1643 年 清太宗皇太極逝世，其第九子福臨繼帝位。改次年為順治元年。

- 1642 年 英國王黨派和議會派發生內戰。
- 1642 年 法國進入路易十四王朝，路易十四自詡為太陽王。
- 1643 年 意大利佛羅倫斯人發明氣壓計。

清 1644 年 ▶

1644

- 明崇禎十七年　1644 年 李自成進北京，崇禎皇帝吊死煤山，明朝滅亡。清朝入主中原。

- 1644 年 笛卡爾的力作《形而上學的沉思》享譽歐洲。
- 1644 年 法國和瑞典簽訂的《威斯特伐利亞和約》致使德意志國家分裂。

1646

- 1646 年 巴哈馬諸島被英國人殖民地化。

1648

- 1648 年 俄國人達日尼夫發現亞洲大陸與美洲大陸間的白令海峽。
- 1649 年 英國進入以克倫威爾為實際統治者的共和國時期。

1650

- 清順治八年　1651 年 三十九歲的攝政王多爾袞病卒。
- 清順治八年　1651 年 俄羅斯侵略者侵佔了雅克薩，燒殺搶掠，弄得當地十室九空。

- 1650 年 俄國進入農奴制社會。

1652

- 清順治十年　1653 年 清廷誘降鄭成功未成。
- 清順治十年　1653 年 順治帝封達賴五世為 "西天大善自在佛所領天下釋教普通瓦赤喇怛喇讓達賴喇嘛"。

- 1652 年 荷蘭東印度公司為在非洲南端的開普敦建造中繼基地派遣了開拓者。
- 1652 年 第一次英荷戰爭爆發。

1654

- 1654 年 德國實驗物理學家奧托・馮・居里克進行了真空泵和空氣壓力的實驗。
- 1655 年 牙買加逃亡黑奴起義。

1656

- 1657 年 普魯士獲得獨立主權。

1658

- 清順治十六年　1659 年 統一雲南。鄭成功攻南京失利。

- 1659 年 法國與西班牙簽署《比利牛斯和約》。

1660

中國歷史大事年表	公元紀年軸	外國歷史大事年表
● 清順治十八年　1661 年 鄭成功打敗荷蘭侵略者，迫使荷蘭殖民者簽署了投降書。 ● 清順治十八年　1661 年 愛新覺羅・玄燁即位，是為康熙帝。	1660	● 1660 年 英國查理二世皇帝復辟。 ● 1661 年 歐洲第一張紙鈔在瑞典斯德哥爾摩銀行發行。
● 清康熙元年　1662 年 鄭成功收復台灣。	1662	● 1662 年 英國皇家學會在倫敦正式成立。 ● 1662 年 剛果王朝被葡萄牙人所滅。
	1664	● 1664 年 鄂圖曼帝國奪取克里特島。 ● 1665 年 意大利巴洛克大師貝爾尼尼受邀設計盧浮宮。
	1666	● 1666 年 英國倫敦發生全城大火。 ● 1667 年 以藝術品展覽為主要目的的活動第一次被命名為"沙龍"。
● 清康熙八年　1669 年 康熙皇帝命侍衛逮捕了鰲拜，清朝統治大權歸於康熙皇帝。	1668	● 1668 年 牛頓發明反射式望遠鏡。 ● 1669 年 凡爾賽宮的重建工程開工。
	1670	● 1671 年 反對沙皇政府的最大一次哥薩克人起義被鎮壓。
● 清康熙十二年　1673 年 吳三桂反清，三藩之亂起。	1672	● 1672 年 德國宗教音樂大師海因里希・舒茨去世。
	1674	● 1675 年 英國天文學家約翰・弗拉姆斯蒂德在泰晤士河畔建立了格林威治天文台。
● 清康熙十六年　1677 年 始設南書房，選文學之士入直。 ● 清康熙十六年　1677 年 康熙皇帝特別任命靳輔為河道總督，開始治理黃河。	1676	
● 清康熙十八年　1679 年 康熙帝命徐元文、張玉書等為總裁，修纂《明史》。	1678	● 1679 年 越南佔領湄公河三角洲。 ● 1679 年 英國制定人身保護律，禁止裁判前投獄。
● 清康熙二十年　1681 年 京師發生地震。 ● 清康熙二十年　1681 年 三藩之亂平定。	1680	
	1682	● 1682 年 拉薩爾在密西西比河探險並建設路易斯安那。 ● 1682 年 路易十四將法國宮廷遷往凡爾賽宮。
● 清康熙二十三年　1684 年 康熙採用施琅的建議，設台灣府、縣、總兵等官，隸福建行省。 ● 清康熙二十三年　1684 年 康熙皇帝決定廢止海禁，開通海上貿易。	1684	● 1685 年 法國廢除《南特敕令》。
● 清康熙二十五年　1686 年 中國設廣州十三行，洋行制度始此。 ● 清康熙二十五年　1686 年 中俄雅克薩之戰。	1686	● 1687 年 牛頓編著的《自然哲學的數學原理》一書出版，提出了引力的法則。
● 清康熙二十七年　1688 年 著有《朱子家訓》的道學家朱用純去逝。 ● 清康熙二十八年　1689 年 中俄簽訂《尼布楚條約》。	1688	● 1688 年 英國"光榮革命"。 ● 1689 年 英國發表權利法案，建立君主立憲制國家。
● 清康熙二十九年　1690 年 清軍在烏蘭布通與噶爾丹軍交戰，取得勝利。 ● 清康熙三十年　1691 年 清廷派遣重兵駐守張家口、大同、寧夏等地，以防準噶爾部	1690	
● 清康熙三十一年　1692 年 思想家、文學家王夫之卒。	1692	
● 清康熙三十三年　1694 年 修築甘肅邊牆，康熙巡邊。	1694	● 1694 年 啟蒙時代的領導者、法國思想家伏爾泰誕生。
● 清康熙三十五年　1696 年 康熙皇帝親征噶爾丹。	1696	● 1696 年 彼得一世成為俄國沙皇。 ● 1697 年 瑞典人依照歐洲樣式開始建造位於斯德哥爾摩的皇宮。
● 清康熙三十七年　1698 年 康熙皇帝命于成龍修治渾河。皇帝賜名永定河。	1698	● 1699 年 通過《卡國洛維茨和約》，奧地利從鄂圖曼帝國獲得匈牙利的大部分。 ● 1699 年 歌劇作為一門新的藝術在歐洲廣為流傳。
	1700	

● 中國　　　● 歐洲　　　● 非洲　　　● 亞洲　　　● 美洲　　　● 大洋洲

中國歷史大事年表	公元紀年軸	外國歷史大事年表
	1700	● 1700 年 啟蒙主義時代到來。 ● 1701 年 西班牙爆發了王位繼承之戰。
● 清康熙四十年　1701 年 洪澤湖泛濫。《治河方略》成。		
	1702	● 1702 年 斯圖亞特王朝末主安妮女王加冕為英國國王。 ● 1703 年 匈牙利開始了反抗奧地利王朝的鬥爭。
● 清康熙四十二年　1703 年 始建承德避暑山莊。		
	1704	● 1704 年 英國從西班牙人手中奪取大西洋與地中海的交通要道直布羅陀海峽。
● 清康熙四十四年　1705 年 上命翰林院習外國文。 ● 清康熙四十四年　1705 年 羅馬教皇遣使至北京。 ● 清康熙四十四年　1705 年《全唐詩》撰成。		
	1706	● 1707 年 莫臥兒王朝末代皇帝奧朗則布逝世，王朝開始衰敗。 ● 1707 年 英格蘭、蘇格蘭合併，形成 "大不列顛王國"。
● 清康熙四十六年　1707 年 禁天主教，令教士退居澳門。		
	1708	● 1709 年 第一架鋼琴在意大利製作完成。
	1710	● 1711 年 北卡羅來納的殖民者屠殺美洲印第安人的圖斯卡羅拉戰爭。 ● 1711 年 德國梅森城的陶瓷工廠燒製出歐洲大陸自製的第一件瓷器。
● 清康熙五十年　1711 年 詔命三年內分批免天下錢糧一年。		
	1712	● 1712 年 彼得大帝建立的聖彼得堡成為俄國首都。 ● 1713 年 普魯士王腓特烈一世即位。
● 清康熙五十二年　1713 年 清朝對人丁稅制度進行了重大改革。		
	1714	**1714 年 漢諾威王朝** ● 1714 年 斯圖亞特王朝女王安妮去世，喬治一世繼位，開始英國的漢諾威王朝。
● 清康熙五十四年　1715 年《聊齋誌異》的作者蒲松齡去世。		
	1716	● 1716 年 法國在加拿大的海牙建設要塞。
● 清康熙五十五年　1716 年《康熙字典》編著成。		
	1718	● 1718 年 水銀溫度計被德國科學家發明。 ● 1719 年 英國小說家丹尼爾·狄福的著作《魯賓遜漂流記》面世。
● 清康熙五十七年　1718 年《桃花扇》的作者孔尚任去世。		
	1720	● 1721 年 英國第一位首相羅伯特·沃爾波爾就職。 ● 1721 年 接種牛痘疫苗使西方世界躲過一次天花瘟疫。
● 清康熙五十九年　1720 年 清軍進駐拉薩，平定西藏之亂。		
	1722	
● 清康熙六十一年　1722 年 康熙帝卒，四子胤禛繼位，改明年為雍正元年。 ● 清雍正元年　1723 年 雍正帝頒詔實施賦稅的重大改革。		
	1724	● 1725 年 在西非的佛塔喜倫，馬拉尼族的伊斯蘭教徒哈里發·亞伯拉罕被任命為 "信徒的指揮官"。
● 清雍正二年　1724 年 頒行《聖諭廣訓》。同年，修寧夏渠。 ● 清雍正二年　1724 年 山西首先實行火耗歸公。		
	1726	● 1727 年 歐洲人在巴西種植咖啡樹。
● 清雍正五年　1727 年 中俄簽訂《恰克圖條約》。 ● 清雍正五年　1727 年 雍正帝委派鄂爾泰全權辦理西南地區的 "改土歸流" 事宜，由朝廷直接任命官員管理。		
	1728	● 1729 年 奧地利古典主義大師巴哈的名作《馬太受難曲》完成。 ● 1729 年 英國的斯蒂芬·格雷證明物體的導電性能。
● 清雍正七年　1729 年 始禁吸鴉片。始設軍機處。 ● 清雍正七年　1729 年 遣軍征準噶爾。		
	1730	● 1730 年 法國物理學家列奧米爾發明了列氏溫度計。
	1732	● 1733 年 長期在中國和越南之間從事佛教交流的越南僧人麟角逝世，他被人們稱為 "兩國和尚"。
● 清雍正十年　1732 年 清王朝鑄造辦理軍機印信，軍機處成為正式的常設機構。		
	1734	● 1735 年 紐約的約翰·曾格因報道總督的不當選舉而當上了裁判，獲得報道出版的自由。
● 清雍正十三年　1735 年 雍正帝病卒，皇四子弘曆繼位，是為乾隆。		
	1736	● 1736 年 在秘魯的熱帶雨林發現天然橡膠。 ● 1736 年 納狄爾汗統治伊朗。
● 清乾隆元年　1736 年 博學鴻詞科開考。		
	1738	● 1739 年 納狄爾汗入侵印度。
	1740	

中國歷史大事年表	公元紀年軸	外國歷史大事年表
	1740	1740 年 孟加拉國
● 清乾隆六年　1741 年 初舉木蘭秋圍。		● 1740 年 普魯士的腓特烈二世繼位。在他的治理下普魯士成為歐洲強國。
	1742	
		● 1742 年 俄國人登陸北美阿拉斯加。
		● 1743 年 越南創立觀禪派的僧人瞭觀逝世。
	1744	
● 清乾隆十年　1745 年 乾隆下令命沿海各省訓練水師。		
● 清乾隆十年　1745 年 疏浚江南河道。		
	1746	
● 清乾隆十二年　1747 年 清廷發動平定大小金川之亂的戰爭。		
	1748	
● 清乾隆十四年　1749 年《五朝本紀》成書。		● 1748 年 孟德斯鳩發表資產階級政治學的巨著，《法的精神》（又譯為《法意》）。
● 清乾隆十四年　1749 年 方苞卒。		● 1749 年 龐培古城被挖掘出來。
	1750	
● 清乾隆十五年　1750 年 開始修建舉世聞名的頤和園。		● 1750 年 盧騷發表了著名的《科學與藝術論文》一書。
● 清乾隆十六年　1751 年 乾隆皇帝初次南巡。		● 1751 年 狄德羅主持下的《百科全書》開始編寫。
	1752	
		● 1753 年 瑞典植物學家完成植物分類系統，成為現代植物分科的奠基人。
	1754	
● 清乾隆十九年　1754 年 吳敬梓卒。		● 1755 年 里斯本發生大地震。
● 清乾隆二十年　1755 年 軍機大臣張廷玉卒。		● 1755 年 以雍笈牙為首的軍隊攻佔仰光，從而佔領大部分緬甸。
● 清乾隆二十年　1755 年 清廷派兵進軍伊犁，攻打準噶爾部。		
	1756	
		● 1756 年 蘇格蘭化學家利用科學方法製造出二氧化碳。
		● 1757 年 英國開始統治印度。
	1758	
● 清乾隆二十四年　1759 年 黑水營之戰，大和卓木敗走。		● 1759 年 英國人獲得北美魁北克地區的統治權。
● 清乾隆二十四年　1759 年 清廷修浙江海塘。		
	1760	
● 清乾隆二十五年　1760 年 清廷於烏魯木齊設莊屯田。以阿杜為都統，總理伊犁事宜。		● 1760 年 用於航海的經線儀在歐洲被發明。
		● 1761 年 印度錫克教興起。
	1762	
● 清乾隆二十八年　1763 年 湖南奏修嶽麓書院。		● 1762 年 法國思想家盧騷發表《社會契約論》。
		● 1762 年 俄羅斯開始處於凱薩琳女皇統治之下。
	1764	
● 清乾隆二十九年　1764 年 回部烏什民變。		● 1764 年 8 歲的莫扎特完成他的第一首交響曲，被喻為神童。
● 清乾隆二十九年　1764 年 曹雪芹卒。		
● 清乾隆三十年　1765 年 鄭板橋卒。		
	1766	
		● 1766 年 英國著名物理學家、化學家卡迪文通過實驗發現了氫氣。
		● 1767 年 英國人發明珍妮紡織機。
	1768	
● 清乾隆三十四年　1769 年 詩人沈德潛卒。		● 1768 年 英國皇家美術學院創立。
		● 1769 年 瓦特試製成功了單向蒸汽機。
	1770	
● 清乾隆三十五年　1770 年 圓明園建成。		
● 清乾隆三十六年　1771 年 建普陀宗乘之廟，它是承德外八廟中規模最大的一座廟宇。		
	1772	
● 清乾隆三十七年　1772 年 乾隆下旨採集各地遺書，着手進行《四庫全書》的編纂工作。		● 1773 年 英屬東印度公司正式從英國政府獲得了在孟加拉種植和經營鴉片的壟斷權。
		● 1773 年 波士頓海港發生了"傾茶事件"。
	1774	
● 清乾隆四十年　1775 年 和珅由三等侍衛超擢御前侍衛、副都統。		● 1775 年 德國著名的文學家歌德發表的《少年維特之煩惱》風靡歐洲。
	1776	
		● 1776 年 蘇格蘭經濟學家亞當‧斯密的著作《國富論》出版。
		● 1776 年 美國《獨立宣言》被簽署通過，拉開了獨立戰爭的序幕。
	1778	
● 清乾隆四十三年　1778 年 清朝國史館奉命編修《國史列傳》。		● 1778 年 泰國入侵老撾萬象。
● 清乾隆四十三年　1778 年 追復睿親王多爾袞封爵。		● 1779 年 法國科學家將英國科學家分離出的氣體命名為氧氣。
	1780	

● 中國　　● 歐洲　　● 非洲　　● 亞洲　　● 美洲　　● 大洋洲

中國歷史大事年表	公元紀年軸	外國歷史大事年表

1780
- 清乾隆四十五年　1780 年 建須彌福壽之廟，它是承德外八廟中最後建成的一座廟宇。
  - 1780 年 奴隸貿易異常猖獗。
  - 1780 年 圖巴克·阿馬魯發動對殖民地統治者的反抗。
  - 1781 年 德國詩人、戲劇家席勒發表了《海盜》。

1782
- 清乾隆四十七年　1782 年 第一部《四庫全書》抄寫完成。

  1783 年　美利堅合眾國
  - 1783 年 法國化學家，化學之父安托·勞倫特·拉瓦錫通過實驗發現水是氫氧化合的產物。
  - 1783 年 巴黎條約承認美國獨立。

1784
  - 1785 年 英國紡織機械化。

1786
  - 1786 年 鄂圖曼土耳其帝國統治埃及。
  - 1787 年 日本東京暴發因饑荒引發的騷亂。

1788
- 清乾隆五十三年　1788 年 第一次抵抗廓爾喀侵藏。
  - 1789 年 喬治·華盛頓成為美利堅合眾國的第一任總統。
  - 1789 年 巴黎民眾襲擊巴士底獄，法國革命爆發。

1790
- 清乾隆五十六年　1791 年 第二次抵抗廓爾喀侵藏。頒佈《欽定西藏善後章程》。
  - 1790 年 法國制憲會議通過了《僧侶法》，實現了政教分離。

1792
- 清乾隆五十七年　1792 年 清政府頒佈金瓶制。

  1792 年　法蘭西第一共和國
  - 1792 年 法蘭西第一共和國由國民公會宣告成立。
- 清乾隆五十八年　1793 年 英國派遣使團來到中國，為乾隆祝壽。並提出在中國城市經商的請求，遭到拒絕。
  - 1792 年 英國女作家瑪麗·沃斯通克拉夫特發表了《婦女權利的辯護》。
  - 1793 年 法國國王路易十六被法國國民議會以叛國罪處以死刑

1794
- 清乾隆六十年　1795 年 乾隆皇帝宣佈退位，至此他共在皇帝位六十年。嘉慶帝顒琰繼位。
  - 1794 年 法國發生“熱月政變”
  - 1795 年 波蘭遭多國入侵而分裂。

1796
- 清嘉慶元年　1796 年 白蓮教聚眾起事。
  - 1796 年 英國人發明接種疫苗預防天花。
  - 1797 年 亨利希·海涅誕生。

1798
- 清嘉慶四年　1799 年 清軍破四川義軍，冷天祿被俘。
- -清嘉慶四年　1799 年 太上皇乾隆卒，廟號高宗。嘉慶帝親政。
  - 1799 年 拿破崙·波拿巴發動“霧月政變”，並建立了臨時政府。
  - 1799 年 埃及發現羅塞塔石碑。

1800
- 清嘉慶六年　1801 年 中國史學家章學誠卒。著有《文史通義》等。
  - 1800 年左右 數千名英國犯人被移送到澳大利亞殖民地。

1802
- 清嘉慶七年　1802 年 英國的船停泊於廣東零丁洋欲登陸，被勒令阻止。

  1802 年　越南阮氏王朝
  - 1802 年 從緬甸歸國的佛教徒在斯里蘭卡創立緬甸派。
  - 1803 年 美國從法國購得路易斯安那。

1804
- 清嘉慶九年　1804 年 一代名臣劉墉去世。

  1804 年　海地
- 清嘉慶十年　1805 年 訂立稽察西洋書籍章程。
  - 1804 年 海地成為拉丁美洲第一個獨立國家。
- 清嘉慶十年　1805 年 紀曉嵐卒。
  - 1804 年 拿破崙加冕為法國皇帝。
  - 1804 年 英國製造出第一輛軌道蒸汽機車。
- 清嘉慶十一年　1806 年 李長庚在台灣海峽大破蔡牽。
  - 1804 年 資產階級國家的第一部民法典《法國民法典》頒佈實行。
- 清嘉慶十二年　1807 年 清帝下禁令，禁止文武官員與諸王相交、互通。
  - 1807 年 美國國會通過禁止從非洲進口奴隸的法案。
  - 1807 年 拿破崙入侵西班牙。

1808
- 清嘉慶十三年　1808 年 英國停船於廣東香山海面，派兵登陸分據澳門大炮台，嚴令退出。
- 清嘉慶十四年　1809 年 訂立廣東外洋商人貿易章程。

1810
- 清嘉慶十五年　1810 年 禁鴉片輸入京師。
- 清嘉慶十六年　1811 年 令各省查禁西洋人並禁民人習天主教。

1812
- 清嘉慶十八年　1813 年 天理教徒二百人衝入禁門。天理教徒於河南滑縣起義。
  - 1812 年 拿破崙一世從莫斯科撤退。
  - 1813 年 簡·奧斯汀的名著《傲慢與偏見》完成。

1814
- 清嘉慶十九年　1814 年《全唐文》編輯而成。
  - 1815 年 法國大革命結束，拿破崙在滑鐵盧戰役中敗北。
- 清嘉慶二十年　1815 年，制定查禁鴉片章程。
- 清嘉慶二十年　1815 年 文學家姚鼐卒。

1816
  1816 年　阿根廷
- 清嘉慶二十一年　1816 年 增江南水師營滿漢駐軍額。
  - 1816 年 恰卡成為祖魯族王。他開始強化軍事力量，征服南非各部落。
- 清嘉慶二十二年　1817 年 廣東梅縣天地會起事。
  - 1817 年 大衛·李嘉圖發表了《政治經濟學及賦稅之原理》一書。
- 清嘉慶二十二年　1817 年 增設天津水師營總兵。

1818
  1818 年　祖魯王國
- 清嘉慶二十四年　1819 年 英國傳教士馬禮遜與米伶合作翻譯的《聖經》舊約部分正式出版。
  - 1818 年 恰卡統一各部落建立南非地區單一的祖魯王國。
  - 1818 年 卡爾·馬克思誕生。
  - 1818 年 美國與加拿大劃分邊界。
  - 1819 年 新加坡成為英國殖民地。

1820

中國歷史大事年表	公元紀年軸	外國歷史大事年表

● 清嘉慶二十五年　1820 年 旻寧即位，改元道光。

1820

1821 年 秘魯
● 1821 年 秘魯擺脫西班牙殖民統治，宣佈獨立。

1822

1824

● 清道光五年　1825 年 哲布尊丹巴呼圖克圖之牧群牲畜、沙比那爾人丁戶口、喇嘛人數，定每三年查核一次。

● 1824 年 英國首次運用蒸汽船作戰。
● 1824 年 英國詩人喬治‧拜倫逝世。

1825 年 玻利維亞
● 1825 年 英國第一條鐵路被建設在斯托克頓和達林頓之間。
● 1825 年 玻利維亞擺脫西班牙殖民統治，宣佈獨立。

1826

● 清道光六年　1826 年 鎮壓張格爾叛亂。

● 1827 年 貝多芬逝世。

1828

● 清道光八年　1828 年 松筠奏請添設蒙古官學。

1828 年 烏拉圭
● 1828 年 西班牙畫家弗朗西斯科‧哥雅病逝。
● 1828 年 巴西和阿根廷簽訂《蒙得維的亞和約》，承認烏拉圭獨立。

1830

● 清道光十一年　1831 年 查禁鴉片，定官民吸食者罪。

1830 年 比利時王國
● 1830 年 國民大會代表在布魯塞爾集會，宣佈比利時獨立。
● 1830 年 美國國會通過了《印第安人遷移法案》。
● 1830 年 法國發生七月革命。
● 1831 年 德國哲學家黑格爾逝世。

1832

● 道光十二年　1832 年 英商查頓、馬地臣在廣州正式創辦怡和洋行，繼續走私販賣鴉片，是當時最大的鴉片走私進口商。

● 1832 年 英國議會進行改革，打開了工業資產階級進入議會的大門。
● 1833 年 英國廢除奴隸制。

1834

● 清道光十四年　1834 年 英國艦船闖入黃埔。
● 清道光十五年　1835 年 廣東訂防範洋人貿易章程八條。

● 1835 年 布爾人為反對英國的統治開始了向內陸的大遷移。

1836

● 1836 年 倫敦工人協會成立。
● 1836 年 英國倫敦議會大廈開始建造。
● 1837 年 英國人發明電報機。

1838

● 1838 年 威爾克斯率領美國探險隊在南極大陸探險。
● 1838 年 英國人民發起了以爭取普選權為目的的憲章運動。

● 清道光十九年　1839 年 林則徐在虎門海灘當眾銷毀鴉片煙。
● 清道光二十年　1840 年 英國正式作出向中國出兵的決定，中英鴉片戰爭爆發。

1840

● 1840 年，人類歷史上最早的郵票——黑便士郵票在英國發行。

● 中國　　● 歐洲　　● 非洲　　● 亞洲　　● 美洲　　● 大洋洲